KB140228

南巖公 事蹟
戊戌二月 謄抄

양달사현창사업회

조선 최초 의병장
양달사 장군 문헌집

南巖公 事蹟

戊戌二月 橫找

양달사현창사업회

조선 최초 의병장
양달사 장군 문헌집

이영현 옮김 | 노기욱 감수

吾鄕梁丈南巖公名達泗道源其子淸州人也父諱承祖司僕寺正主簿母淸州韓氏夢登郡後
月出山有老人擄龍鬚一劒仍而有娠生公於望達私寅也生而岐嶷氣像魁偉其
後遂以兩巖盡取諸夢中事也孝友根於天性勇略又絶人抑鬱志學與伯兄參奉公達洙弟參
奉公達海參奉公達磑礪受業於三從叔學圃門潛心於性理之學余參奉公達洙之說是亦一道也
有識者必讀不負命名之義云云公曰一日擔卷歎曰古人有安用毛錐子之說也我
遂投筆執射丁酉登武科第中重試補全羅兵水兩營虞候成歡察訪鎭海南縣監

嘉靖三十四年乙卯春倭船六十餘隻入寇全羅道先陷達梁沿海列邑營鎭則底風靡兵馬使
元績長興縣監韓蘊戰亡靈巖郡守德坚出降長史蛇封豕之朝廷拜李浚慶爲
都元帥金景錫南致勤爲左右防禦使蛇勢炎列官軍亦逗留觀望于斯也公于內爲在家忍
懷慨然諦日列鎭之齊潰己無可言官軍之撓服如彼良緜然成及此杖劒徒跣空城水守罔愛
方深君親一體吾豈拘於禮制而恝然坐視乎村前有一大江杖劒徒跣空城中語公老曰以我
爲工胄我持誓死一戰之智勇素爲一郡人推服父老咸曰諸子弟壯老都願亦樂赴

公日彼粟其寡非出奇斷何可遂使信慢敵十董張百戲之賊陣望見處諸賊指相顧失笑
折倒公率放死人數有潛從驛峴賊陣俊出意喩喊聲屠僞董冀而搏之朝廷百朝廷拜李浚慶爲
從之一時所屠殺不知其數公亦於彼小愁餘倭又捏來公且戰且退馬遂潛泥中心公
復馬驥投畢馬挺步閃過賊飛劒遙撃入跳身避之馬中而仍急入城借乘於萬戶朴天愉家誘賊失
淤泥處與挾馬輕步閃過賊疾來題後盡陷淤泥回身奮擊一劒殲盡傍近寇掠之倭又叫馬遂至
公興餘乘復合左右防禦始乃出氣乘勝大捷

事太公告人曰起復從戎非由君命收勞邀賞吾恥也遂還家早制如初元師府上諸將功論
賞各有差而防禦景勛致勤顯公輩及於公噫喑介子推之獨無賞紀倭軍之獨無褒義
千載之下余掌擊節而喑惜每毋建克捷之功而彼倭景勛董坐而觀
變乃爲因人成事掠其美冒賞公倡元勛遂至淪沒之地喑痛哉人心之無良世道之不公至
於此極甚直欲乘槎訴蒼穹而不得也

蓋公之始爲奮勇戰陣一劒擲罷者殺松有 丈夫氣像終爲大輔取焉嘅嘅退者溫祿有士
吾鄕之人莫不爲公嘆容於悒曰鄕微粱公吾屬其盡魚矣若所謂有童娃娃有娟娟伊邊之
力南士之路公德訟公冤非直此吾一郡而己天監孔昭豈豈無冤報之理惜乎公於乙卯後閉二
年戊年緣前日瘡毒作梗而卒此與立懷何異哉年于四十一光山金氏安祉女不耶特有士林公議而已余於
長連次哲女三人累經變亂門戶袁替于建克捷之功而彼景勛輩坐而觀况之人平耶特有士林公議而於
公小一甲十有二歲先後進雖殊殊臣屯密通肝胆相照况之介褒義之事余亦習
聞心服者略記顚末以俟立言之君子

君子風味此非忠孝兼盡而文武竝用者乎是雖生資之美而妙年學問之力亦 可諶忠乃如
之人永子砥碟亦所卒聞世有好義君子擧實登聞獲蒙天恩飭典賑食夫誰曰 可喑嘻以公
之之行之德大豊無後世之子雲也耶

일러두기

1. 이 책은 영암군 제주양씨주부공파 문중에서 소장하고 있던 '남암공(南巖公) 사적(事績)' 필사본을 저본(底本)으로 하였다. 다만, 책의 내용에 맞게 '사적(事績)'이라는 명칭을 '문헌집(文獻集)'으로 바꾸었다.
2. 영암향교에서 발간한 『영암문헌록(靈巖文獻錄, 2001)』에 실린 문헌 중 일부를 교감(校勘)을 위해 참고하였다.
3. 독자의 이해를 돕기 위해 그 글이 왜, 언제 작성되었는지 앞부분에 해제(解題) 겸 글쓴이의 정보를 덧붙였다.
4. 여기에 나오는 분들의 문집이나 향교, 각 사업회, 학회 등에서 펴낸 글들과 내용이 다를 경우(기학경의 겸재집 등의 경우)에는 이 문헌에 기재된 것을 기준으로 하였다.
5. 직역(直譯)을 원칙으로 하되, 지나치게 생략한 문장이 많거나 일부 잘못 필사된 글자의 경우에는 의역(意譯)하거나 바른 글자로 고쳐 설명을 보충했다.
6. 역사적 사실이 잘못 서술되었거나, 고증이 필요한 부분 등은 각주를 첨부하였다.
7. 번역본과 쉽게 대조할 수 있도록 영인하여 요즘 책들의 순서로 첨부하였다.
8. 여기에서 사용하는 기호는 다음과 같다.
   - 『　』: 책이나 논문 제목
   - 〈　〉: 책과 논문 제목 내에서 다른 논문과 책을 표기
   - (　): 한자 또는 원문의 한자 인용 및 약식 각주
   - "　": 인용구나 대화
   - ▲ : 필사본 페이지 끝을 원문에 표기
   - □ : 판독이 어려운 한자로 글자수만큼 표기
   - ☒ : 판독이 불가능한 글자로, 글자수를 모를 경우

발간 경위

이 책자는 제주양씨주부공파 문중의 전 양금호 회장님이 소장하고 있던 『남암공
사적(南巖公 事蹟)』을 번역한 것으로, 호남절의록(湖南節義錄)과 여지도서(輿地圖
書), 영암군지, 겸재집(謙齋集), 주부공파족보 등에 언급된 내용들이 대부분 수록돼
있다. 진본(眞本)이 아닌 1959년 필사본이고 그마저도 A4용지 복사본이었지만 내용
만은 여느 고문서보다 값진 책자다. 양달사보다 70여 년 후에 태어난 임연(林埏)의 사
장(事狀)부터 효자로 널리 알려진 신시준의 유사(遺事), 나주목사 임육의 행장(行狀),
대사성 등을 역임한 윤득부의 묘지명(墓誌銘), 한성우윤 출신의 이기경 전(傳), 형조
참의 출신인 오연상의 묘갈명(墓碣銘), 무안군수 이인채의 사적후(事績後), 나주임씨
의 문중 일에 앞장선 임우진의 기적문(記蹟文), 조선 후기 도학자인 기학경의 후서(後
序)까지 내용은 대동소이하나 모두 역사적으로 명망 있는 분들의 글들이 담겨 있다.

특히 1780년 전라도 유생 444명이 연서(連署)하여 관찰사에게 올린 등장(等狀)을
비롯한 7편의 소지(所志)를 통해 200여 년 동안 전라도민들이 양달사 의병장의 공적
이 잊혀지는 것을 얼마나 안타까워했는지 짐작할 수 있었다. 그분들이 있었기에 양달
사 의병장은 1847년 10월 19일 좌승지로, 형 달수는 사헌부 지평으로 추증될 수가 있
었고 영암군에서는 1971년에 공적비를, 1974년에는 순국비를 세운 것이다.

아무쪼록 이 작은 책자가 양달사 의병장의 위대한 업적과 영암성 대첩의 의의를
고증학적으로 뒷받침하는 든든한 초석이 되기를 바라면서, 여러 가지로 부족한 번역
문을 꼼꼼히 감수해 주신 호남의병연구소 노기욱 소장님과 지원과 격려를 해주신 영
암군 관계자 여러분께 감사드린다.

2023년 11월 일
이영현 근배

목차

1. 남암공 사장(南巖公 事狀[1])

임연(林埏), 1633년

1510년 2월 25일 생원시에서 정암(靜庵) 조광조(趙光祖)와 학포(學圃) 양팽손(梁彭孫), 귀래당(歸來堂) 임붕(林鵬, 1486-1553, 백호 임제의 조부)이 나란히 입격(入格)한다. 이후 기묘사화로 조광조가 유배될 때 성균관 유생이던 임붕은 200여 명의 유생을 이끌고 조광조 구출에 노력하였고, 홍문관 교리 양팽손은 상소를 올리며 항소하다가 삭탈관직되어 고향인 능주로 내려왔다. 이후 양달사는 형제들과 함께 삼종숙인 학포에게서 공부를 하였고, 학포당을 자주 출입하는 귀래당에게서도 교육을 받았을 가능성이 높다. 그래서인지 이 책에는 귀래당 후손들의 글이 네 편이나 있다.

이 글을 쓴 임연(1587.3.8-1654.1.11)은 나주임씨 장수공파 18세손으로 붕(鵬)의 증손이자, 백호(白湖) 임제(林悌, 1549-1587)의 5촌 조카다. 호는 월저(月渚). 부인은 의병장 김천일의 손녀인 언양김씨이고, 두 번째 부인은 양팽손의 장남 응기(應箕)의 증손이다. 전라남도 영암군 시종면 봉소리 계산(鷄山, 닭머리) 마을에 묘가 있었는데, 2012년 5월 21일 근처 가족 봉안당으로 옮겼다. 당시 임연 내외의 묘[2]에서 많은 의복이 수습되어 국립광주박물관에서 소장 중이다. 이 글은 1571년 명종실록과, 1627년에 발간된 청강(淸江) 이제신(李濟臣, 1536-1583)의 수필집 후청쇄어(鯸鯖瑣語)에 이어, 양달사의 이름이 기재된 세 번째 글이라는 점에서 의의가 크다.

---

1 백성들이 관아에 제출한 청원(請願)의 끝에 쓰는 글.

2 영암 시종면 계산마을 앞 유좌(東頭山 酉坐)에 있었으나, 지금은 시종면 화정동로 235(시종면 와우리

남암공 사장

우리 고향 어른인 남암공의 이름은 달사이고 자는 도원이며, 제주가 본관이다. 아버지의 휘는 승조로 사복시(司僕寺) 정주부(正主簿)다.[3] 어머니 청주한씨가 영암 군 월출산에 올라가다가 바위 위에 있던 노인으로부터 검을 하나 받은 꿈을 꾼 후 잉태하였고, 영암군 도포면 망달리[4] 집에서 양공을 낳으니 정덕 무인년(1518년, 중 종 13년)이었다.

양공은 태어났을 때부터 매우 지혜롭고 기상이 높고 장대하였다. 나중에 그의 호를 남암(南巖, 월출산이라는 뜻)이라 한 것은 아마 어머니의 태몽에서 연유한 듯하다. 천성적으로 효행과 우애가 깊고 용기와 지략이 남들보다 뛰어났었다. 하 지만 스스로 절제하면서 학문에 뜻을 두고 형인 참봉공인 달수, 동생 참봉 달해, 참봉 달초와 함께 삼종숙인 학포 양팽손 문하에서 성리학에 심취하였다.

내가 학포의 손녀와 결혼하여 그 문중에 들어갔는데, 당시 남암공과 함께 공부한 유 식자들은 양공이 남암이라는 호의 의미를 저버리지는 않으리라고 기대했다고들 하였다.

양공이 하루는 책을 덮으면서 탄식하며 "옛날 선인들이 세상을 편안하게 함에 있어서 붓은 하나의 방법일 뿐이다."라고 말을 하면서 붓을 던지고 활을 잡았다.

정유년(1537년)에 무과에 급제하였고, 이어서 중시에도 합격하여 전라병영과 수영의 우후, 성환((成歡, 현 충남 천안 성환읍) 찰방, 진해와 해남현감을 지냈다.[5]

639-4) 남골묘에 안치돼 있다.

3   사복시(司僕寺) : 왕이 타는 말, 수레, 목축 등을 관할하던 관청.

4   망달리는 양달사의 탄생지인 봉호정(鳳湖亭) 마을에 속한다. 당시 봉호정과 영가척 사이에는 바닷물이 강을 이루고 있었고, 그 사이에 다리가 있었다. 그래서 '다리가 보이는 마을'이라는 뜻으로 '망다리(望 橋)'라 불렸고, 나중에 한자어가 '망달리(望達里)'로 변함.

5   양달사가 여기에 열거된 지역에 근무했다는 자료는 없으나, 가리포(加里浦, 현 완도) 첨사를 했다는 자료 는 남아 있다. 1552년에 가리포진이 설치되었으므로, 해남현감 직전에 근무하였던 것 같다.

南巖公事狀

吾鄉梁丈南巖公名達泗道源其字濟州人也父諱承祖司僕寺正主簿母淸州韓氏夢

登郡後月出山有老人據巖贈一劍仍而有娠生公於望達私第時正德戊寅也生

而岐嶷[6]氣像魁偉其後號以南巖盖取諸夢中事也孝友根於天性勇略又絶人

抑節志學與伯兄參奉公達洙弟參奉公達海參奉公達礎受業於三從叔學圃門潛心

於性理之學

余委禽學圃孫[7]備門當時同學有識者期公以不負命名之義云

公嘗於一日掉卷歎曰古人有安用毛錐子[8]之說是亦一道也遂投筆執射

丁酉登武科第中重試補全羅兵水兩營虞候成歡察訪鎭海南縣監

---

6 岐嶷(기역) : 어릴 때부터 뛰어나게 지혜로움.

7 학포의 장남인 응기의 증손녀 사위가 되었다는 뜻으로, 학포에게는 고손녀가 된다. 학포와 귀래정의 후
   손간에도 오래도록 세교가 있었음을 알 수 있다.

8 毛錐子(모추자) : 붓의 별칭. 『오대사(伍代史)』 사홍조전(史弘肇傳)에 "사홍조가 큰 뜻을 품고 있으면서
   일찍이 사람들에게 말하기를 조정을 안정시키고 화란을 평정하는 데는 긴 창과 큰 칼만 있으면 되지 붓
   (毛錐子)을 어디에 쓰겠는가(安朝廷 定禍亂直須長槍大劍 若毛錐子安足用哉)라고 하니, 삼사사(三司使)
   왕장(王章)이 붓이 없으면 군부(軍賦)를 어떻게 모을 수가 있겠는가 라고 하자, 사홍조가 아무 말도 못했
   다고 하였다. 여기에서는 첫 번째 뜻으로만 쓰였음.

가정 34년 을묘(1555년)년 봄, 왜구가 육십여 척의 배로 전라도를 침입하였는데 먼저 달량성을 함락하였고, 해안의 여러 읍과 영(營)과 진들이 바람 앞에 쓰러지듯 하였다.

병마사 원적과 장흥현감 한온은 싸우다가 사망했고, 영암군수 이덕견은 성을 나와 항복하였다. 욕심이 많은 악독한 왜구들이 집어삼키려 하니, 누가 저들을 막을 것인가?

조정에서는 이준경을 도원수로 삼고, 김경석 남치근을 좌우 방어사로 삼아 내려보냈지만 적세가 불길처럼 강맹하여 성안에서 관망만 하고 있었다.

이때 어머니 상(喪)을 당하여 집에 있던 양공은 분노를 이기지 못하고 눈물을 흘리면서 말하기를 "여러 진영이 이미 처참하게 분궤되어 말로 형언할 수가 없을 지경이다. 관군이 막아야 하나, 저처럼 겁을 먹고 움츠리고만 있으니 이 위급한 상황을 내가 어찌해야 하는가? 변방들을 지키지 못하여 나라의 근심이 깊다. 임금과 부모가 일체라고 하였으니 내 어찌 예법과 제도에 얽매어 태평하게 좌시하고 있겠는가?"라고 하였다.

마을 앞에 큰 강이 있었는데 장검을 차고 강을 건너 군수가 없는 성중에 들어가[9] 부로(父老, 어른)들에게 이르기를 "나를 공조(工曺[10])로 삼으시오, 나는 죽을 각오로 일전을 펼칠 것이오."라고 하였다.

양공의 지혜와 용기는 본래 군민들에게 으뜸으로 알려져 있었기 때문에, 부로들이 그를 공조로 추대하고 따르면서 말하기를 "모든 자제와 장정들이 소문을 듣고 기꺼이 나설 것이오."라고 하였다.

---

9   군수 이덕견이 달량성에서 항복한 후, 관찰사 김주의 명으로 전주 부윤 이윤경이 영암을 지키러 내려오는데, 그 직전에 양달사 의병장이 성안으로 들어가 의병장으로 추대된 것으로 보인다.

10   중국에서 태수를 보좌하던 벼슬로 '공조(功曹)'라고 기록된 곳도 있다.

嘉靖三十四年乙卯春倭船六十餘隻入寇全羅道先陷達梁沿海列邑營鎮則底風靡
兵馬使元績長興縣監韓薀戰亡靈巖郡守李德堅出降長蛇封豕之荐食孰能禦之

朝廷拜李浚慶爲都元帥金景錫南致勤爲左右防禦使敵勢焱列官軍亦逗留觀望于

斯時也公丁內艱在家忽慷慨流涕曰列鎮之卉潰已無可言官軍之捍禦如彼畏縮殆
哉炭炭此▲將奈何遵境失守國憂方殷君親一體吾豈拘於禮制而超然坐視乎

村前有一大江杖劍徒跣空城中語父老曰以我爲工曺我持誓死一戰公之智勇素爲
一郡人推服父老咸曰諸子弟丁壯者聞亦樂赴

양공이 말하기를, "왜적들의 숫자는 많고 우리는 적으니 기이한 전략으로 빈틈을 노리지 않으면 이길 수가 없습니다."라고 하였다.

그리하여 창우대 수십 명에게 적진 앞에서 온갖 유희를 펼치도록 했다. 진지에서 그 광경을 바라보던 적들이 손가락질을 하면서 좌우를 둘러보고 온몸을 흔들며 웃어댔다.

양공은 죽음을 각오하고 적들이 주둔하고 있던 역현(驛峴, 현 백년동 고개)의 뒤쪽에 많은 의병을 잠복시켰다가 불시에 함성을 지르며 습격하였다. 창우대도 옆에서 공격하였고, 성문을 열고 나온 노소 군민들도 북을 치면서 승세를 고조시킴으로써 일시에 왜구를 도살하니, 그 수를 셀 수가 없었다.

양공도 저들에게 10여 곳의 창상을 입어 병사들을 불러들여 잠시 쉬고 있는데, 남은 왜구들이 다시 덤벼들었고, 양공은 싸우고 퇴각하기를 반복하다가 말이 진흙 구덩이에 빠지고 말았다. 양공이 말갈기를 잡고 빠져나와 다시 말을 타려는 찰나, 적들이 칼을 날려 공격을 해왔다.

양공은 훌쩍 뛰어 피하였으나 말이 맞고 쓰러졌다. 급히 성으로 들어와 만호 박천추의 말을 빌려 타고 나가 적들을 유인했다. 진흙 구덩이에 이르러 날쌔고 빠르게 지나가자, 적들이 달려들다가 진흙 구덩이에 빠졌다.[11] 이에 재빨리 몸을 돌려 분격의 일검으로 왜구를 모조리 섬멸했다.

근처에서 노략질을 하던 왜구들이 다시 악을 쓰면서 양공에게 덤벼들었으나, 남은 의병들이 좌우 방어사의 병사들과 힘을 모아 다시 싸우니, 비로소 승세를 타고 큰 승리를 거두었다.

---

11   1555년 5월 25일은 양력으로 6월 14일로, 모내기철이라 방죽에 물이 별로 없었던 듯하다.

公曰彼眾我寡非出奇乘隙不可遂使倡優數十輩張百戲於賊陣望見處諸敵指點相顧失笑折倒

公率放死人數有潛從驛峴賊陣後出不意吶喊襲擊倡優輩翼而搏之城中老少又鼓噪從之一時所屠殺不知其數

公亦彼十餘創收兵小憩餘倭又捍來
公且戰且退馬陷濘泥中公執馬鬣技出將復騎賊飛劍遙擊

公跳身避之馬中而仆急入城借乘於萬戶朴天樞家誘賊至淤泥處挾馬輕步閃過賊疾來躡後盡陷淤泥回身奮擊一劍殲盡

傍近寇掠之倭又叫馬繼至公與餘眾復合戰左右防禦始乃出氣秉勝大捷

사태가 진정된 후 양공은 사람들에게 일러, "상중에 전쟁에 나간 것이 임금의 명에 의한 것이 아니므로,[12] 공로를 자랑하여 상을 받는다는 것은 나 자신에게 부끄러운 일이다."라고 말하고는, 마침내 집으로 돌아와 처음처럼 상중의 예법을 지켰다.

원수부에서는 임금께 여러 장수들의 공적을 보고하였고, 조정에서는 논의하여 각자에게 맞게 차등을 두어 상을 주었다. 방어사 김경석 남치근 무리는 으뜸 공신이 되었지만 유독 양달사에게만은 아무런 상이 없었다.

아, 개자추가 진문공에게 아무런 상을 받지 못했으나 역사의 기록에 전해 오고 있고,[13] 원수부에서 양공 혼자만을 보고하지 않아 포상이 없으나 양공의 의로운 행적은 천년이 지나도 사라지지 않을 것이다.

나는 손바닥으로 무릎을 치면서 "아, 애석하다!"라고 탄식했다. 우리 고향 남암공께서는 상중임에도 적개심으로 출사하였고, 극적인 승리로 가장 뛰어난 공적을 이루었음에도 어쩌다 저렇게 되었단 말인가? 경석 무리는 사태가 끝날 때까지 관망만 하였음에도, 다른 사람이 이룬 공을 가로채서 상을 받아 찬미되고, 의병을 일으켜 가장 공적이 큰 양공은 잊혀지는 지경에 이르다니. 아, 슬프다. 인심이 나빠 세상의 도의가 불공정해지게 된 것이 이렇게 심한 지경에 이르다니. 곧바로 승사(乘槎[14])를 타고 조정에 나가 하소연하고 싶지만 그럴 수도 없구나!

---

12 『예기집설』에 따르면 "부모의 상은 3년으로, 정사에 임할 수 없다"고 돼 있으며, 『경제육전(經濟六典)』과 『경국대전(經國大典)』에는 "국가의 중요한 정무에 관계되어 있어 필시 기복(起服)에 합당한 자의 경우에는 계문(啓聞)하여 기복시킨다"고 되어 있다. 여기에서 기복은 상중에 관직에 나가는 것을 뜻한다.

13 중국 춘추시대의 은사(隱士). 진나라 문공이 망명 생활을 할 때 오래도록 모셨지만, 후에 문공은 왕위에 올라 개자추를 등용하지 않았다. 실망한 그는 산에 들어가 살았는데 문공이 산에 불을 질러도 나오지 않고 타 죽었다. 한식(寒食)은 여기에서 유래한다.

14 乘槎(승차) : '뗏목'이라는 뜻이나 여기에서는 빠른 이동수단을 말함.

事太公告人曰起復從戎非由君命伐勞邀賞吾所恥也遂還家守制如初

元帥府上諸將功論賞各有差而防禦景錫致勤輩爲元功獨不及於公
噫嘻介子推之獨無賞紀傳軍之獨無褒義千載之下

余掌擊節而嗟惜豈意吾鄉南巖▲公起復敵慨首建克捷之功而彼哉
景錫輩坐而觀變末乃因人成事掠美[15]冒賞使首倡元勳意至湮沒之地
噫嘻痛哉人心之無良世道之不公至於此極甚直欲乘槎訴蒼穹而不得也

15　掠美(약미) : 공을 가로챔.

고향 사람들도 양공을 생각할 때면, 탄식하고 근심하면서 "지난번 양공이 아니었으면 우리들은 모두 물고기 밥이 되었을 것이다"라고 하였다. 이렇게 아이들이 웃고, 여자들이 예쁨을 뽐내며 살게 된 것이 누구의 힘인가? 남녘의 선비라면, 양공의 덕을 밝히고 양공의 원통함을 호소하는 것이 옳지 않겠는가?

우리 영암군은 하늘의 보살핌을 크게 받아서 양공이 왜구를 물리쳐 잘살게되었으니 어찌 하늘이 도와주신 이치가 아니겠는가. 그럼에도 애석하게도 양공은 을묘왜변 2년 후, 무오년에 왜적과 싸울 때 입은 창독으로 돌아가셨으니,[16] 이분이야말로 절개를 위해 죽은 분과 무엇이 다르겠는가?

당시 양공의 나이 41세. 부인은 광산김씨 안지의 딸이다. 김씨는 자식을 낳지 못했고, 재실에게서 서자들이 있으니 장남은 연이고 차남은 철이고 딸이 셋이다. 변란이 여러 번 지나고 집안마저 점점 쇠퇴해지면서 유림들의 공의(公議)만 있을 뿐 억울함을 털어놓기도 어렵게 되었다.

나는 양공보다 72년이나 뒤에 태어났고, 비록 사는 곳도 다르나 오랜 친구처럼 양공의 마음을 환히 알 수 있었다. 하물며 양공이 권도(權道)[17]에 따라 떨치고 일어나 의병장으로서 적괴를 물리친 일에 있어서랴. 나는 익히 보고 들은 바에 따라 마음속으로 감복하게 된 전말을 간략하게 기재하고 군자들의 입언(立言)[18]을 기다리기로 했다.

---

16 미암 유희춘의 『미암일기』를 보면, 1571년 10월 7일 양달사와 김천일이 찾아왔다고 기록돼 있는데, 여기에서는 이 기록과 『제주양씨주부공파세보(2000)』를 근거로 1557년 12월 20일 돌아가신 것으로 한다.

17 權道(권도) : 시기 적절하게 대응함.

18 立言(입언) : 후세에 모범이 될 만한 말.

吾鄉之人莫不爲公齎咨於悒曰嚮微梁公吾屬具盡魚矣

若所謂有童哇哇有女娟娟伊誰之力南士之銘公德訟公冤非直也

吾一郡而已天監[19]孔昭豈無冥報之理

惜乎公於乙卯後間二年戊午緣前日瘡毒作梗而卒此與立懂何異哉.

年才四十一配光山金氏安祉女不育庶子長連次哲女三人累經變亂門戶衰替有能

鳴宿冤發出光之人乎耶特有士林公議而已

余於公小一甲十有二歲先後進雖殊居止密通肝胆相照況公之從權奮義首倡醜醜

之事余所習聞心服者略記顚末以俟立言之君子

19　天監(천감) : 하늘의 보살핌.

격분한 양공이 적진에 뛰어들어 일검을 휘두른 의연한 모습에는 용감한 장부의 기상이 있고, 대승을 거둔 준걸다운 활약에도 불구하고 조용히 물러난 평온한 모습에는 군자다운 풍모가 있었다.

이런 분이야말로 충과 효를 겸비하고 문과 무를 두루 지닌 분이 아니겠는가? 이것이 비록 천성적으로 타고난 자질이라고 하나, 어려서부터 학문에 정진한 힘이라는 것도 속일 수 없다. 이분과 같이 사람들이 편지로 주고받으면서 오래도록 공론하는 것도 세상에 드문 일이다.

의로움을 좋아하는 군자가 있어, 소문의 실상과 증거들을 모아서 보고하고, 임금님으로부터 사우(祠宇)에 배향되는 은혜를 입게 된다면 누가 잘못되었다고 하겠는가?

아. 양공의 덕행을 가지고 어찌 훗날 자운(子雲[20])이 없다고 할 것인가?

가정 을묘 후 78년(1633년) 봄

금성후인 임연

---

20 子雲(자운) : 한나라 때 촉군(蜀郡, 현 사천성)의 양웅을 말함. 그는 서기 18년에 세상을 떠나 1019년에 자치통감을 지은 송(宋)나라의 사마광에 의해 인정을 받았고, 그 점을 이미 예언한 인물이다. 즉 뜻있는 후손을 기다린다는 의미임.

盖公之始焉奮勇戰陣一劍揮霍者毅然有烈丈夫氣像終焉大膊取雋緘嘿歙退者溫然有士君子風味

此非忠孝兼盡而文武竝用者乎是雖生質之美而妙年學問之力亦不可誣也乃如之人永之徔牒亦所罕聞世

有好義君子擧實登聞獲蒙天恩貤典腏食[21]夫誰曰▲不可噫嘻以公之之行之德夫豈無後世之子雲也耶

嘉靖乙卯後七十八年仲春

錦城後人 任挺

2. 양해남 남암공 행적 유사(梁海南 南巖公 行績 遺事[22])

신사준(1734-1796.11.26.)은 거창이 본관인 영계((瀯溪) 신희남(愼喜男, 1517-1591.10.26.)의 7세손으로, 호가 송원(松圓)이다. 효행과 문장으로 당대에 이름이 높았고, 영암의 대표적인 누정인 대월루(1909년 2월 20일 소실)에도 시문이 남아 있었다. 이 책 11편에 나오는 『본읍 유생 임소 등 상순 상서』와 같은 해에 작성된 것으로 보아 이때에도 유생들과 행동을 함께 한 것으로 보이고, 12편에 나오는 『도내 유생 상순 상서』의 연명자 444명 중에도 그의 이름이 기재돼 있었다. 그의 아들 술현과 상현의 효행은 암행어사에게 알려져 쌍효정려가 내려졌다. 교보생명 창업주 신용호는 신희남의 14세손이다.

참고로, 양달사 의병장보다 한 살 위이면서, 한석봉의 스승으로도 알려진 신희남은 영암 영보 출신으로 을묘왜변 직전인 1555년 3월 문과에 급제하여 강원도관찰사를 역임하였다. 5남(여경, 언경, 중경, 개경, 백경) 1녀를 두었는데, 여기에 실린 나주목사 임육의 행장을 보면 신희남의 둘째아들 신언경에게 양달사 딸(신씨 집안 족보에는 없음)이 재실로 들어갔다. 즉 양달사와 신희남은 친사돈이다.

---

22 遺事(유사) : 전하여 내려오는 사적.

양해남 남암공 행적 유사

양공의 휘는 달사이고 자는 도원이며, 호는 남암이다. 시조는 탐라에서 나왔다. 고조는 직장동정인 사제이고, 금성(나주)에서 처음 영암으로 옮겨와 살게 되었다[23].

증조는 감역 홍효이고 할아버지는 생원 필이고, 아버지는 사복시정주부 승조이다. 모두 순후하고 두터운 덕행으로 남도 땅에 이름이 알려져 있었다.

양공은 정덕 무인년(중종 13, 1518년)에 태어났다. 어려서 자질이 남다르고 힘과 담력이 친구들 중에서도 뛰어났다.

하지만, 자신의 절조를 억누르고 학문에 뜻을 두었다. 형 참봉공 달수, 두 동생과 함께 삼종숙인 학포 양팽손 문하에게 공부를 하면서 속으로 성리학에 뜻을 두었다.

성장할수록 어버이를 잘 섬겨 향리에서 칭송을 받았고, 강개한 기질로 늘 국가를 위해 죽겠다는 뜻을 품고 있었다.

스무 살인 중종 정유년(1537년)에 무과에 급제한 후에는 중시에서도 좋은 성적을 거두었다. 성환과 수성(함경도 청진) 찰방, 전라병영과 수영의 우후, 진해현감 등을 거치면서 명성과 공적이 있었다. 해남현감 때 어머니 상을 당해 시묘살이를 하던 을묘년(1555년)이었다. 왜구가 대거 해로를 따라 오면서 중국을 침범하여 복건성 등지를 약탈하다가, 바다를 지키는 명나라 장수들에게 패하고 귀환하던 길에, 우리나라에 분풀이를 하려고 가만히 들어와 영암 경계인 옛 달량진에 정박하였다.

---

23 양달사의 행장에는 아버지 때 영암으로 온 것으로 돼 있다.

梁海南 南巖公行績遺事

公諱達泗字道源號南巖系出耽羅高祖直長同正思濟自錦城始居靈巖曾祖監役興
孝祖生員泌考司僕寺正主簿承祖俱有醇德懿行著名南土
公生於正德戊寅幼有異質勇力 膽略絶出等夷

抑節志學與伯兄參奉公達洙諸第受業於三從叔學圃門而潛心性理之學

稍長以善事親爲鄕里所稱慷慨有氣節每有許身殉國之志

二十登中廟朝丁酉武科纔捷重試歷成歡輪城察訪全羅兵水兩營虞候, 鎭海縣監尉
有聲績後以海南縣監丁母憂居廬時嘉靖乙卯也倭奴大擧由海道犯上國寇掠福建
等地爲防海諸帥所敗而遁欲逞憤於本國潛船入靈巖界泊于古達梁

육지로 올라온 왜구들은 기세가 더욱 등등해져 연달아 바닷가의 여러 군을 함락하였다. 병마사 원적이 먼저 패하여 죽고, 장흥현감 한온도 힘을 다해 싸웠으나 전사했으며, 영암군수 이덕견은 적에게 투항해 버렸다.

이렇게 되자 나라 전체가 물이 끓듯 소란해졌다. 대로로 통하는 군현들이 무너지고 영암은 적의 요충지가 되면서 가장 큰 피해를 입었다. 멀리 달량진에서부터 백리 안이 다 적의 소굴이 된 것이다.

왜장은 영암성 동쪽의 향교에 주둔하면서 군사를 사방으로 풀어 온갖 약탈과 살육을 자행했고, 수시로 북으로 내달을 기세였다. 동고 이준경은 도원수로서 나주에 주둔하였고, 좌도방어사 남치근과 우도방어사 김경석 등도 가까운 곳(영암성)에 병사를 주둔시키고 적의 기세가 등등하여 감히 그 칼날에 맞서지를 못했다.

전쟁 상황이 날로 위급해지고 있다는 보고를 받은 양공은 개연히 눈물을 닦으며 말하기를 "임금과 부모는 한 몸이다. 임금이 욕을 당하면 신하는 목숨을 바쳐 싸우다 죽는 것이 도리인데, 어찌 상례와 법도에 얽매어, 국가의 환란에 뛰어들지 않겠는가."라고 하였다.

형제들과 더불어 마침내 상복 차림으로 성에 들어가니, 부로들이 맹주로 추대하였다. 양공은 "만일 기묘한 전략으로 허점을 노리지 않으면 승리를 할 수 없습니다"라고 하면서, 먼저 창우대로 하여금 채색옷을 입고 꽃으로 장식한 모자를 쓰고 적진 앞에서 여러 가지 유희를 펼치게 했다.

그러자 왜장이 보고 기뻐서 큰소리로 떠들고 날뛰었다. 양공은 그렇듯 왜구들이 굿판에 정신이 팔려 대비가 없는 틈을 엿보고 있다가, 친히 향교 뒷고개에서 의병 수백인을 이끌고 나와 일제히 함성을 지르면서 전력을 다해 공격을 했다. 창우대도 이들을 측면에서 공격했고, 성안에서도 북을 치면서 쫓아나와 수많은 적도를 일시에 도살했다.

賊旣登陸勢益充斥連陷沿海諸郡兵馬使元績先敗而沒長興縣監韓蘊力戰而死靈
巖郡▲守李德堅投降於敵當是時擧國鼎沸一路土崩而靈巖爲敵衝要被衂最劇自
遠梁百里之間盡爲賊穴

倭酋屯據城東鄕校縱兵四出大肆殺掠有長驅北上之勢東皐李公浚慶以都元帥留
陣羅州防禦使南致勤金景錫等亦笒兵近地見敵勢鴟張[24]莫敢嬰其鋒者

公聞敵報日急慨然雪滯曰君親一體也當主辱臣死之日烏可拘於禮制不赴國難乎

兄與弟遂墨縗[25]入城中父老推爲盟主公曰若不乘虛出奇無以濟勝先倡優輩穿綵服
簇花竿張百戲於敵陣臨視處

賊酋見而喜之雀躍喧笑公覘其無備親率壯士數百人從鄕校後峴一齊吶喊奮力掩
擊而倡優翼而搏之城中鼓譟從之數萬敵從一時屠殲

24   鴟張(치장) : '솔개가 날개를 폈다'는 뜻으로 기세가 등등함을 말함.

25   墨縗(묵최, 墨衰) : '상복에 먹물을 들이다'는 뜻이나, 일반적으로 상복을 입은 채 전쟁에 나갔다는 표현
       으로 씀. 이하 같음.

양공도 10여 곳에 부상을 입어 잠시 군사를 거두고 쉬고 있자 남은 왜구들이 성을 내며 쫓아왔다. 공이 싸우고 물러서기를 반복하던 중 말이 진흙 구덩이에 빠졌다. 양공이 한 손으로는 갈기를, 한 손으로는 꼬리를 잡고 빠져나와 말을 타려 하자, 왜적들이 칼을 휘두르며 공격해 왔다.

양공은 간신히 몸을 피하였으나 그 칼이 말에 명중했다. 양공이 성으로 들어가 만호 박천추의 말을 빌려 타고 나가 재도전하니, 왜구들이 욕을 하면서 추격해 왔다.

공은 거짓으로 패배한 척 달아나 적을 물이 없는 진흙 구덩이로 유인했다. 말을 부축하여 재빨리 도보로 통과하자 적들이 힘을 다해 추격해 오다가 진흙 구덩이에 빠졌다. 이때 양공은 몸을 돌려 분격의 일검으로 모두 무찔렀다. 부근에서 노략질을 하고 있던 왜구들도 궤멸되었다는 소문을 들었으며, 좌우 방어사의 병사들도 승세를 타고 남김없이 적들을 참살했다.

사태가 평정되자, 양공은 집으로 돌아와 처음과 다름없이 상례를 지켰다. 사람들이 문득 왜구를 평정한 일을 언급하면, 양공은 "상중에 전쟁에 나가 싸운 것이 임금의 명령에 따른 것이 아닌데, 공적을 자랑하고 포상을 바란다면 나로서는 부끄러운 일이다."고 하였다.

3년 후인 무오년(1558년)[26]에 창독이 심해져 돌아가시니 나이 겨우 41세였다. 군민들이 눈물을 흘리면서 길에서 만나면 한탄하기를 "지난번 양공이 없었다면 우리들은 모두 어육이 되었을 것이다."라고 하였다.

---

26 1557년 12월 20일이 작고했다는 것이 통설이나 여기에는 1년 늦게 기록돼 있다.

公亦被十餘創收兵小憩餘倭乘憤趂來公且戰且退馬追倭陷淤泥中公一手執其鬐一手執其鬣拔出倭飛劍擊之

公跳僅避馬中其劍矣遂還城中借馬於朴萬戶天樞更出跳戰賊徒望見叫罵而追之

公佯敗走誘引於無水淤泥處扶馬輕步閃過而去敵立力躡來盡陷於淤泥
公回身奮擊一劍盡麾於是倭奴之寇掠旁近者聞風皆潰左右防禦▲兵乘勝連戰殲殺無餘

事既平公還家守制如初人有言及乎倭事輒曰起復從戎非由君命伐功邀賞吾所恥也

後三年戊午竟以創毒病歿年纔四一郡民流涕行路嗟惜曰嚮非梁公吾屬其魚矣

왜구가 침범하기 시작한 이래, 을묘년 호남에서와 같은 큰 승리는 없었다. 진실로 양공이 앞장서서 육박전을 벌여 그 예봉을 꺾지 않았다면, 비록 원수와 방어사의 병사들이 있었다 한들 어찌 완벽한 승리의 공적을 세우고, 단 한 척의 배도 온전하게 돌아가지 못하게 하였겠는가.

그러나 세상 사람들은 "을묘년의 큰 승리는 대개 남치근과 이준경의 공적"이라고 말하였고, 겸손하게 물러나 남들에게 공적을 넘긴 양달사는 거기에 끼지 못하였다. 그리고 자손들이 영락하고 세대가 멀어지면서 그 사적(事績)도 묻혀 버렸으니 어찌 개탄스럽지 않겠는가?

내가 일찍이 이청강이 기록한 남주역 누벽의 시화를 살펴보니, 그 서문에 "을묘왜변은 조선 건국 후 평화로운 날들이 오래되어, 많은 장수들이 기율을 잃어버린 탓이었다. 그 변란으로 인해 훗날 누군가 누벽에 이 시를 남긴 것도 시사(詩史)의 하나다."라고 하였다.

모두 기록된 원시는 18구로, 그 중에서, "공이 있는 양달사는 어디로 갔나 상벌이 명확하지 못하여 공도가 사라졌다."라는 말은 양공이 큰 공을 세웠음에도 임금의 은혜나 포상을 받지 못했음을 탄식한 것이다.

또 본군 읍지[27]를 살펴보면, 양달사는 사람 됨됨이가 강개하고 힘이 남보다 뛰어난 인물로, 을묘년 왜변으로 여러 읍들이 분궤되고, 본군도 포위를 당하여 거의 성이 함락될 위기에 처했을 때, 신출귀몰한 전략을 써서 적을 무찔러 남녘을 안정시켰다고 적혀 있다.

---

27 1765년에 발간된 여지도서를 말하는 것으로 보인다.

蓋自有倭寇以來未有如乙卯湖南之捷而苟非公挺身肉薄先挫其銳則雖有元帥防

禦之兵安能辨其全勝之功健片舸不返哉

然而乙卯之捷世皆稱南李之功而公不與焉者以公之謙退不居

而子孫零替世代寢遠將竝與其事而泯焉豈不可慨也

己嘗按李淸江詩話載南州驛樓詩有小序云乙卯倭變昇平日久諸將多失律使後人

有詩此亦一詩史也

仍盡錄原詩十八句中有有功達泗歸何處賞罰不明公道滅之語蓋歎公之首建大功

而未蒙褒賞也

又按本邑誌曰梁達泗爲人慷慨膂力過人乙卯倭變列邑奔潰本郡被圍城幾陷公設

奇殲敵南土賴安

상복을 입고 전장에 나간 것을 부끄럽게 여긴 양공은 모든 공적을 도원수에게 돌리고 다시 여막으로 돌아왔다고 하였으니 이 몇 마디 말로써 양공이 역사에서 사라지게 된 대강을 살펴볼 수 있다.

본군의 향교에서 양공이 왜적을 섬멸할 때 위패를 모신 대성전이 더럽혀졌기 때문에 난이 평정된 후 향교를 성의 서쪽으로 옮겨 지금에 이르고 있다. 수백 년 후에도 나무꾼이나 꼴을 베는 아이들은 향교의 옛터를 가리키면서 "이곳은 해남현감 양달사가 왜구를 무찌른 곳이다."라고 말할 것이고, 향교 앞의 군더리방죽 다리[28] 주변의 진흙 구덩이를 보면서 "이곳은 양해남이 왜구를 유인하여 참살한 곳이다"라고 말할 것이다.

을묘년에 왜구가 처음 상륙하여 설쳐대던 기세를 생각해 보니, 임진왜란 때 부산에 들어온 적보다 덜하지 않았다. 만일 양공 같은 사람이 등용되어 적의 창검에 맞서서 그 기세를 꺾었더라면, 어찌 임진왜란에서 생선이 썩어가듯이 팔도가 잠식당하는 화를 당했겠는가?

만일 임진왜란 때 양공과 같은 사람이 있었다면, 먼저 부산의 적을 도살하고, 그 흉맹한 기세를 막았을 것이다. 풍신수길과 소서행장이 아무리 강하고 사나운 장수였다 하더라도 어찌 경상도와 전라도를 집어삼키고, 서울과 평양을 분탕질하여 지독한 피해를 입히게 놔두었겠는가? 이것을 본다면 양공이 왜구를 섬멸한 것은 다만 전라도 백성들만 보호한 것이 아니요, 국난에 처하여 나라에 몸을 바친 충절은 임진왜란 때 순국한 제현들보다 오히려 더 뛰어났다고 할 수 있다.

---

28 군더리방죽(金橋堰, 현 공설운동장) 입구의 다리인 '金橋(금교)'를 말함.

公恥其服麻從戎歸功元帥復歸廬次卽此數語而可見大槩矣

郡之鄉校以公之殲倭污穢殿庭亂定後移建城西至今數百年之後樵牧指點鄉校舊墟而語曰此梁海南殲倭處也指前橋淤▲泥處而言曰此梁海南誘倭處也

竊嘗念乙卯之倭其初陸梁之勢不下於壬辰釜山之敵倘無公登冒刃以摧其勢安知其荐食之禍不如壬辰魚爛八路耶

且使壬辰苟有如公者先屠釜山之敵遏其凶鋒雖强如秀吉悍行長亦安能吞據兩南焚掠二京如彼之毒乎由此觀之公之殲倭不徒全保一道之生靈其許國赴難之忠節壬辰諸賢殉國之心而功又過焉

하지만 슬프게도 유독 양달사공에게만 포상이 없었다. 그래서 위로는 초토사 고경명과 창의사 김천일 등 여러 의병장들에게 뒤처지고, 아래로는 영규나 유정 등 여러 승병장에게도 미치지 못하니, 어찌 애석하다 아니할 것인가.

그래서 남쪽에 사는 많은 선비들이 수차에 걸쳐 이 일을 끊임없이 관찰사와 군수에게 탄원하였고, 백세가 지나도록 공의(公義)가 사라지지 않고 있다.

양공의 집안 7세손 적하(迪河²⁹)씨가 가승보를 가지고 나의 송원전사(松園田舍³⁰)에 찾아와 말하기를 "우리 선조의 강직한 충성심과 겸손한 덕행은 가히 백세에 전할 만하나. 부끄럽게도 후손들이 못나서 위로는 임금님이 들을 수 있도록 대궐문을 두드릴 수가 없었고, 아래로는 언변이 좋은 군자를 내세워 아뢸 수가 없었습니다. 그러니 바라건대 당신께서 우리 선조의 공덕이 세상에서 결코 사라지지 않도록 글을 지어 주시기 바랍니다."라고 하였다.

나는 동향인으로서, 어릴 때부터 선배나 어른들에게 "우리 고을이 짐승 같은 왜놈들에게 먹힐 뻔한 화를 면하고, 수백 년이 지나도록 자식을 키울 수 있게 된 것은 모두가 양공의 덕이다."라는 말을 들어서 알고 있었으므로 글을 잘 쓰지는 못하지만 감히 사양하지 못하고 그 대략을 위와 같이 쓴다.

숭정 3년(1777년) 정유

거창인 신사준 삼가 기록하다.

---

29 양적하(1738.11.20-1819.1.18)는 양달사의 형인 양달수 7대손이다. 자는 순경(順卿), 묘는 곤이종면(서호면) 백운동 마을에 있었다고 하나 현재는 찾을 수가 없다. 덕재공 달수와 남암공 달사의 포양 사업에 헌신했다 (『제주양씨주부공파세보(2000)』 중 '동정공휘사제증손주부공승조파, 20쪽).

30 영암군 덕진면 노송리에 있는 거창신씨 문중 사우로, 1795년 영암 유림들의 발의로 건립되었다. 신기를 주벽으로 하고, 거창신씨 입향조 신후경과 신영수, 신희남, 신천익, 신해익을 배향하고 있다.

而獨其襃典寥寥上不得並列於高招討金倡義諸公下不及靈圭惟政諸僧將之襃功豈不惜哉

南鄉多士累列其事於道伯及邑宰終始不倦亦可見公議之不泯於百世也

公之七世傍孫廸河以其家乘訪余於松園田舍曰吾祖之貞忠謙德可以垂百世而無愧而特以後孫不肖旣不得上叩天門登聞於絓纊[31]之下又未能謁文於立言君子以圖不朽願子爲叙次焉

顧余鄉人也自毀齒習聞其事於先輩長者吾鄉之得免於封豕長蛇之禍育子抱孫於數百載之後者罔非梁公之賜也不敢以不文辭遂撮其大略如右云

崇禎三丁酉

居昌人

愼師浚 謹識

---

31 絓纊(주광) : 귀 막는 솜. 즉 임금이 잘 듣지 못하도록 한다는 뜻으로 여기서는 '임금의 귀'를 말함.

3. 통훈대부 해남현감 제주양공 달사 행장(行狀)[32]

임육(任熼), 1797년

임육(任熼, 1735-?)의 자는 여휘(汝輝). 본관은 풍천(豊川)이다. 영조(英祖) 50년(1774) 갑오(甲吾) 식년시(式年試)에 급제하였다. 『나주군읍지』를 보면 '정조 19년(1795년) 9월 3일 나주목사로 부임하여 정조 24년(1799) 4월 24일 서울로 갔다'고 기록된 것으로 보아, 재임할 때에 이 행장을 쓴 것으로 보인다. 현직 나주목사가 양달사 의병장의 행장을 지었다는 것은 그 당시 양달사 의병장의 위상이 어떠했는가를 엿볼 수 있다. 다만 결어(結語)에서 "공의 충성심을 포상하고 의로움을 장려하였다는 소문이 나게 하려면, 그 유적과 사실의 주요한 부분을 조심스럽게 취합하여 입언군자를 기다려야 한다."라고 한 것으로 보아 이때까지도 양달사의 공적이 조정에 보고된 바가 없다는 것을 확인할 수 있다.

---

32 사람이 죽은 뒤에 그의 행적을 적은 글.

통훈대부 해남현감 제주양공 달사 행장

금성양씨[33] 인 적하씨가 집안 할아버지 되는 해남공의 유사(遺事[34])를 가지고
와서 "집안 할아버지의 의로운 공적이 없어져서는 안되겠기에 불후의 문장으
로 남기기 위해 지난번 본암 김종후 선생께 부탁했지만 완성되기 전에 불행히
세상을 떠나셨습니다."라고 하면서, "노성한 전형에 따라 행장을 지어주십시
오."라고 조심스럽게 청했다. 나는 적이 놀라면서, "우리 본암 선생께서 이분의
명예로움과 의로움을 널리 알리고자 하는 뜻이 컸구나."라고 탄식했다.

나는 깊숙이 묻힌 양달사 의병장의 공적을 세상에 드러낼 만한 능력이 못되
고, 글재주도 김종후 선생에게 미치지가 못했으나, 선생께서 끝내지 못한 일을
마무리짓기 위해 그 부탁을 받아들였다.

조심스럽게 유사를 살펴보건대, 양공의 휘는 달사이고 자는 도원이며 호는 남
암이다. 양씨는 탐라성주 양을라에서 시작되었다. 고려와 조선조에 이르러 대대
로 벼슬길에 올랐고, 집안이 크게 번성했다. 고조는 동정 사제이고, 증조는 감역
홍효로 이때 나주에서 처음 영암으로 이사왔다. 할아버지는 생원 필이고, 아버지
는 사복시주부 승조다. 모두 고결한 덕과 의로운 행동으로 남도에서 유명했다.

---

33 금성양씨라고 하였으나, 여기에서는 나주에 산다는 뜻으로 봐야 한다.
34 앞에 기록된 신사준의 유사를 뜻하는 것으로 보인다.

通訓大夫 海南縣監 濟州梁公達泗 行狀

金城梁子廸河持其傍祖海南公遺事而來曰吾傍祖之功之義不可泯沒曩托不朽之文于本菴金先生矣文未成先生不幸棄世謹從老成之典刑敢以行狀爲請余唱然嘆曰吾先師凡於名義揄之揚之

惟恐不及尤眷眷[35]於闡發幽潛而獨於公受其托而文未及焉在先師亦爲未了之案余敢以非其人辭乎

於是謹接公之遺事公諱達泗字道源號南巖梁氏系出耽羅星主良乙那逮至麗朝世簪簪縲綬爲世大族高祖同正思濟曾祖監役興孝世居羅州始移靈巖祖生員泌考司僕寺主簿承祖俱有醇德懿行著名南土

35　眷眷(권권)：연모하는 모양.

어머니 한씨가 일찍이 꿈속에서 월출산에 올랐다가 바위에 있던 한 노인에게서 칼을 하나 받았다. 이후 어머니가 잉태하고 무인년에 영암 북면 망달마을에서 양공을 낳았다.

양공은 유년기부터 자질이 특이했고, 천성적으로 효성스러웠으며 형제간에는 우애가 있었다. 어려서 아버지를 잃고[36] 어머니를 섬기고 봉양하는 마음이 남달라 마을에서 칭찬을 받았다. 삼종숙 학포공 문하에서 공부를 하였는데, 먼저 자신의 본성을 닦고 남을 위하는 학문에 뜻을 두었다. 강개한 성격에 큰 뜻을 지니고 있었고, 용력(勇力)이 절륜하고 지략이 남보다 뛰어났다.

하루는 책을 덮고 개연히 탄식하며 말하기를, "옛 어른들이 붓으로 세상을 편안하게 하였던 것은 삶의 방도 중 하나일 뿐이다."라고 하면서 붓을 던지고 활을 잡기에 이르렀다. 궁마와 창검술에 있어서 통달하지 못한 것이 없었다.

20세에 급제하니 가정(嘉靖) 중종 임금 때다. 수성찰방, 진해현감, 전라병영과 우수영 우후를 역임했으며, 모든 관직에서 명성과 공적이 있었다.

29세에는 또 중시에 합격했고, 34세에 해남현감에 제수되었으나 어머니 상을 당해 고향으로 돌아와 시묘살이를 했다. 가정 을묘년(1555)에 왜선의 침입이 있었다. 왜구는 먼저 본군의 옛 달량성을 함락하였고, 군수 이덕견은 적에게 항복했다.

---

36 어려서 아버지를 잃었다고 하였지만, 『제주양씨주부공파세보(2000)』에 의하면 달사의 아버지 승조는 1486월 9월 10일 태어나 몰년이 없이 기일만 7월 18일로 적혀 있다. 막내인 달초가 1535년생이므로 49세까지는 생존했다고 볼 수 있으므로, 어려서 아버지를 여의었다는 말은 타당하지 않다.

母韓氏嘗夢登郡後月出山有老人據巖贈一劍仍而有娠正德戊寅生公于靈巖北面
望達里

幼有異姿孝友出天早失所怙事母心養隣里稱之幼時受業於三從叔學圃公之門已
知爲己爲之學性忼慨有大志勇力絶▲倫智略過人

嘗於一日揵卷慨然歎曰古人有安用毛錐子之說是亦一道也遂投筆執射至於弓馬
槍劍之技無不通曉

二十歲登武科即嘉靖中廟朝也歷輸城察訪鎭海縣監全羅兵水兩營虞候所莅俱有
聲績二十九歲又捷重試三十四歲除海南縣監丁母憂還鄕居廬即嘉靖乙卯也時倭
艘大舉入寇先陷本郡古達梁本郡郡守李德堅降于賊

왜적은 영암성 동쪽에 있던 향교에 주둔하여 사방을 포위한 채 닥치는 대로 살육을 자행했다. 병마사 원적과 장흥현감 한온은 전력을 다해 싸웠으나 전사[37]하고 말았다. 연해에 인접한 군영과 진들이 바람 앞에 촛불처럼 분궤되면서 감히 그 예봉에 맞서지를 못했다.

도원수 이준경과 방어사 남치근 김경석은 모두 병사들을 움직이지 않고 성 안에만 머물러 있었다. 마침 상을 당해 집에 머물러 있던 양공은 분노의 눈물을 흘리며 말하기를 "임금과 부모는 일체이거늘 상례와 법도에만 얽매여 국난을 보고도 도외시한다면 임금의 은혜에 보답하는 것이 아니다."라고 말했다.

그리고 상복 차림으로 성안에 들어가 여러 부로를 불러서 말하기를, "성 안에 군수가 없어 영도할 사람도 없으니 어떻게 적을 막을 것이오? 나에게 적을 물리칠 전략이 있으니 나를 공조로 삼으시오."라고 말했다. 군민들이 수장으로 추대하고 복종하니, 많은 사람들이 그를 따랐다.

양공은 말하기를 "적은 의병대로 많은 왜구를 공격함에 있어서는 기묘한 술 수로 허점을 노리는 것만큼 좋은 것이 없습니다."라고 하면서 장정을 모아 몰 래 투입하는 전략을 썼다. 알록달록한 비단옷과 꽃가지로 장식한 모자를 쓴 이 쁜 남자들에게 적진 앞에서 여러 가지 재주를 부리게 하니, 적들이 그것을 보고 손가락질을 하면서 뛸 듯이 기뻐하는가 하면 좌우를 둘러보면서 몸을 흔들며 크게 웃었다.

양공은 무방비한 상태로 있는 적을 보고, 친히 장사 수백 명을 이끌고 향교 뒷고개에서 일제히 나와 함성을 지르면서 공격을 했고, 창우대도 옆에서 공격 을 했다. 성중의 노약자들도 북을 치며 나와 협공을 하여 많은 적을 섬멸했다.

---

37 병마사와 장흥현감이 죽은 것이 5월 13일이고, 영암성을 포위한 것이 5월 25일이나 나주목사 임육이 착각한 것 같다.

賊據城東鄉校縱兵四畧大肆屠殺兵馬使元績長興縣監韓蘊力戰而死沿路營鎮望風奔潰莫敢攖其鋒

道元帥李浚慶防禦使南致勤金景錫皆按兵不動公方持制在家慨然流涕曰君親一體拘於守制恝視國難義不恩也

遂墨縗入城謀諸父老曰空城今無將領何以禦賊以我工曹當有破賊之術公素爲一郡所推服衆從之

公曰少擊衆莫如乘虛出奇遂募丁壯密投方略先使花郎穿綵服簇花竿俱張百戲於賊陣臨望視處賊而見喜之雀躍指喧笑

公覘其無備親率壯士數百人從鄉校後峴一齊吶喊奮力掩擊倡優翼而搏之城中老弱鼓噪從之所屠戰甚衆

양달사공도 십여 곳에 부상을 입어 병사들을 불러들여 잠시 쉬고 있자, 남은 적들이 다시 추격해 왔다. 양공은 싸우고 후퇴하기를 반복하다가 진흙 구덩이에 말이 빠지고 말았다. 양공이 한 손으로는 꼬리를 잡고, 한 손으로는 갈기를 잡으면서 빠져나와 다시 말에 올라타자, 추격해 오던 왜구들이 마구 칼을 던졌다.

양공은 껑충 뛰어올라 몸을 피했으나 말이 칼에 맞고 쓰러졌고, 양공은 급히 성으로 들어와 말을 다시 갈아타고 나왔다. 시신을 수습하면서 울고 있던 적들은 양공이 나오는 것을 보고 다시 욕을 하면서 추격해 왔다.

양공은 거짓으로 패한 척 도망가면서 적들을 유인하여 진흙 구덩이가 있는 곳에서는 말을 도와 재빨리 통과했다. 뒤쫓던 적들이 기를 쓰며 추격해 오다가 진흙 구덩이에 빠지자, 양공은 몸을 돌려 분격의 일검으로 모두 죽였다. 가까운 곳에서 노략질하던 왜적들도 소문을 듣고 달려왔으나, 원수의 병사들이 잇달아 당도하여 합동 작전으로 모조리 격멸하였다..

전란이 평정되자 양공은 집으로 돌아와 상례의 법도를 변함없이 고수했다. 사람들이 양공에게, 왜구를 물리친 일을 언급하면, 양공은 그때마다 "상중에 전장에 출전한 것이 임금의 명을 받고 한 것이 아니거늘, 고생했다고 자랑하고 상을 바란다면 내 자신에게 부끄러운 일이다"고 하였다.

얼마 후 무오년 12월 20일 돌아가시니, 향년 41세였다.

양공의 부인은 광산김씨로 충순위 김안지의 딸이나 자녀가 없다. 측실에 2남 3녀[38]가 있으니, 장남은 연이고 차남 철은 통덕랑이다. 장녀는 정랑 신언경(愼彦慶)[39]의 아내이고 나머지는 기록하지 않는다.

---

38 양달사가 역사에 묻혀 버린 가장 큰 이유는 직계 자손이 미미하기 때문이다. 진도에 몇 세대가 살고 있으나 극히 숫자가 적고, 나주 공산에서 일부 거주했던 것으로 알려져 있으나, 서자인 점이 싫어서 제주 양씨주부공파를 떠나 능주의 제주양씨에 편입했다는 소문이 있다.

39 신희남의 둘째아들로서, 1570년 문과에 급제하여 인천도호부사 등을 역임했다.

公亦被十創收兵持憩賊▲復合追之公且戰且退馬陷於淤泥中公一手執馬尾一手執其鬃拔而持復騎追倭攛劒幾中

公跳身而避中馬馬其蹶公入城提騎而出城賊聚屍而哭望見公來又叫罵而追之

公佯敗而誘致於淤泥處扶馬輕步閃過而去
賊併力躡追盡陷淤泥中公回身奮擊一劒盡麋於是賊之傍近寇掠者聞風皆潰元帥兵繼至合擊盡殪之

旣平公還家守制如初人有語及殲倭之績則必曰起復從戎旣非君命伐勞邀賞吾所恥也

居數歲以戊午十二月二十日卒享年四十一
公配光山金氏忠順衛安祉女不育側室有二男三女長曰連次曰哲通德郎女長正郎愼彥慶妾 餘不記

45

아, 영암에 왜구가 침입하였을 때 적세가 너무 극렬하여 여러 진영이 풍비박산되고, 원수는 머뭇거리고, 적들이 수시로 북으로 올라갈 기회를 엿보고 있었다. 이때 백성들이 어육이 되는 것을 차마 볼 수가 없어 양공은 법도와 권도 사이에서 의를 취한 것이다.

나라를 위한 순수한 충성심에서 부득이 거병을 하였고, 적의 허점을 노린 신출귀몰한 전술을 이용하여, 적은 군대로 많은 적을 죽였으니, 그 위대함은 육도삼략에 나오는 옛 명장과 같다. 단신으로 칼을 뽑아 적들을 죽이고, 금빛 채색 옷을 입은 창우대가 굿판을 벌여 왜구의 수레를 한 척도 돌아가지 못하게 하였으니 저것이 누구의 공적인가? 충성스럽고 의로운 공적이 양공만큼 뛰어난 사람이 있었던가?

남치근이나 김경석 등은 남의 공적을 약탈하여 천거되었음에도 양공은 종신토록 아무 말도 하지 않았다. 포상과 은전이 자신에게 오는 게 없고, 그 공적마저 묻히고 있음에도 겸손하게 물러나 자랑하지 않은 것은 공적이 높다고 해서 지위마저 높아지는 것을 바라지 않았기 때문이었던 것 같다.

내가 다스리고 있는 금성은 양공의 고향과 인접[40]해 있다. 양공이 돌아가신 지 이미 수백 년이나 영암 주민들은 양공에 대해 지금도 탄식하면서 "우리 땅이 오늘날 안전하게 된 것은 모두 양공의 힘이다."라고 한다. 행인들도 예전의 향교 터를 지날 때는 "이곳이 양해남이 승전한 곳"이라고 가리킨다.

도내 선비들의 공론이 오래되었고, 갈수록 답답해서 도백과 읍재에게 그러한 사실을 열거하면서 지금까지 끊임없이 표창을 내려줄 것을 간청해 왔고, 이러한 공의는 백세가 지나더라도 사라지지 않을 것이다.

---

40 나주목사가 같은 고향이라고 한 점을 보면, 당시 봉호정이나 양적하의 거주지가 나주가 아니었는가 생각된다.

噫靈巖之役敵勢克斥列陣夙靡元帥浚巡北犯之機迫在朝夕公不忍生靈之魚肉取義於經權之間

盖出於爲國純忠不得已之擧而其乘虛出奇以寡鏖衆綽有古名持韜署單身尺釰熸彼金彩使片輧不還者伊誰之功也
其忠義功績如彼其卓然矣

顧薦南金諸公所掠美而公終身默然褒典不及其謙退不伐以泯其跡非高於一等者其能之乎

余作宰錦城距公鄉接壤也公之沒已數百年而邑人流傳其說者尙咨嗟於悒曰吾鄉之賴有今曰 皆梁公之力也行客之過其墟者皆指點曰此梁海南勝戰處也

一道士論愈久而愈鬱列其事齊籲于道伯邑宰以請其表彰至今不倦則百世之下公議之不泯有如是

역사를 보면 개탄스럽게도 선배들이 크게 평가한 인물들 중에 준걸이라는 증거가 없는 경우가 적지 않다.

이청강이 시화로서 남주역 벽 위에 게재되어 있었다고 기록한 시가 본군 읍지에는 남아 있지 않고, 동문헌(東文獻)[41]에도 몇 행의 글로 소략하게 실려 있으니 어찌 개탄하지 아니하겠는가?

남의 공적으로 높은 자리에 발탁된 김경석 남치근의 명성은 일시에 그치겠지만, 양달사공을 읍인들이 계속 송축하고 지나가는 사람들도 칭송하며, 지역의 여론도 애석하게 여기고 있으니, 계속된 상소와 편지로 그 공적을 세상에 밝히려는 노력이 그치지 않을 것이다.

이해득실이나 명성의 유무를 놓고 남치근, 김경석 등 여러 장군들과 양달사공을 비교해 본다면, 시기는 같았더라도, 전해져 내려오는 말들은 같다고 할 수 없다.

아, 세상을 다스리려는 사람은 떠도는 소문에 좌우되어서는 안된다. 조정에서 양공의 충성심을 포상하고 의로움을 장려하였다는 소문이 나게 하려면, 그 유적과 사실의 주요한 부분을 조심스럽게 취합하여 입언군자를 기다려야 할 것이다.

1797년 여름

통훈대부 나주목사 임육이 짓다.

---

41 조선 전기 김휴(金烋, 1597-1638)가 편찬한 해동문헌총록으로 보이나 자세한 것은 알 수가 없다.

夫而國乘無少慨見又無先輩大書特書鋪張[42]俊人之所以取證者

只李淸江詩話南州驛壁上詩本邑邑誌所載寥寥數行文字則我東文獻之疎畧寧不

慨然

金南之功嵬擢于一時而已若公則邑人誦之過客稱之與論惜之連章累牘闡明之

不已

其視南金諸公得失顯晦不可同日而語矣

惜乎任世道者不能轉聞于朝俾樹褒忠奬義之風聲則謹撮其遺事之大略以俟立言

之君子云爾

歲在丁巳(1797년) 夏

通訓大夫羅州牧使

任焴 撰

42　鋪張(포장) : 베풀어 놓음.

4. 통훈대부 해남현감 양공 묘지명

윤득부(尹得孚), 1798년

윤득부(1723-1799)의 본관은 해평(海平, 현 구미). 자는 사휴(士休), 호는 신재(信齋)다. 10대 때 경전에 능통하여 이미 명성이 높았다. 1774년(영조 50) 문과에 급제하여, 성균관전적·병조좌랑을 거쳐 1790년(정조 14) 경상도 도사·영해부사에 임명되었고, 공조참의·승지·형조참판·대사간·대사성에 이어 예조참판 겸 좌유선(左諭善)에 이르렀다. 평생을 청백리로 살아온 당대의 명문장가인 그가 세상을 떠나기 1년 전에 이 글을 쓰게 된 경위는 잘 모르겠지만, 명망이 높은 윤득부가 양달사 의병장의 묘지명을 썼다는 것도 당시 양달사 의병장에 대한 공의가 어떠했는가를 반증한다.

통훈대부 해남현감 양공 묘지명

양공의 휘는 달사이고 자는 도원이며, 탐라성주 양을라의 후손이다. 신라와 고려, 조선조에 이르기까지 세상에 이름난 고관들이 나왔고, 호남의 큰 성씨가 되었다.

고조는 휘 사제로 동정을 지냈고, 증조는 감역을 지낸 홍효로 나주에서 영암으로 거처를 옮긴 분이다. 할아버지 휘는 필이고 생원이었다. 아버지는 휘가 승조로 사복시주부를 지냈다. 모두 어질고 착한 행실로 명예를 얻었다.

어머니는 청주한씨로, 월출산에 올라갔다가 암석에 앉아 있던 노인이 검을 하나 주는 꿈을 꾸고 나서 잉태하였는데, 양달사공은 정덕 무인년(1518년)에 영암 북일면(현 도포면) 망달리에서 태어났다. 어려서부터 특이한 자질을 지녔으며, 효성스럽고 우애가 깊었다. 일찍이 아버지를 여의고 어머니를 정성스럽게 봉양하니 향리 사람들은 그를 칭송했다.

어려서 삼종숙 학포공 문하에서 공부를 하였는데, 자신의 본성을 깨닫고 도학을 실천하는 성리학을 공부했다. 강개한 성격에 큰 뜻과 남보다 뛰어난 용력이 있었고, 지략도 범인들보다 뛰어났었다.

하루는 책을 덮고 개연히 말하기를, "옛 어른들이 세상을 편안하게 함에 있어서 어찌 붓만 있겠는가. 이것은 하나의 방법일 뿐이다."라고 하면서, 붓을 던지고 활을 잡기에 이르렀다.

通訓大夫 海南縣監 梁公 墓誌銘

公諱達泗字道源系出耽羅星主良乙那自羅麗逮本朝世簪簪纓▲爲湖南大姓古祖
諱思濟同正曾祖諱興孝監役自羅州移居靈巖祖諱泌生員考諱承祖司僕寺主簿俱
以有德行有名譽

母韓氏嘗夢登郡後月出山有老人據石贈一劍仍而有娠正德戊寅生公于靈巖北面
望達里
幼有異姿孝友出天早失所怙事母心養鄰里稱之

幼時受業於三從叔學圃公之門己知爲己爲人之學性慷慨有大志勇力絶倫智略
過人

嘗於一日掩卷慨然歎曰古人有安用毛錐子之說是亦一道也遂投毛執射

가정 병신년(1536년) 무과에 급제하였을 때는 21세[43]였고, 성환, 수성(輸城, 함경북도에 있던 역) 두 역의 찰방, 진해현감, 전라병영과 수영의 우후를 역임하였고, 재직 시에 두루 명성과 공적이 있었으나 그 자세한 내용은 쓰지 않겠다. 29세에 중시에서도 좋은 성적을 거두었다.

34세 해남현감에 제수되었을 때 어머니 상을 당해 시묘살이를 하고 있었는데, 가정 을묘년에 왜적이 침입하여 옛 달량진의 장수 조현(曺顯[44])이 전사하고, 본 군의 군수 이덕견은 적에게 항복하였다.

적은 방자하게도 영암성 동쪽에 있던 향교에 진을 치고 닥치는 대로 살육과 약탈을 일삼았다. 병마사 원적과 장흥현감 한온은 싸우다 전사하였으며, 근동의 읍과 진영들이 태풍을 맞은 듯 분궤되었다.

도원수 이준경과 좌우 방어사 남치근 김경석이 병사들과 성안에서 움직이지 않아, 적의 기세는 더욱 고조되었다.

양공은 개연히 "임금과 부모는 일체이거늘, 어찌 상례를 지킨다는 핑계를 대고 국난을 못 본 척하겠는가?"라고 하고는 드디어 상복 차림으로 성중에 들어가 부로들에게 말하기를 "성에 성주가 없으니 어떻게 하겠습니까? 적은 병사로 저 많은 적을 막으려면 나를 공조로 삼으시오."라고 말했다.

---

43 20세이나, 잘못 표기되었음.

44 달량진 권관으로서 1555년 5월 13일 달량진 전투에서 전사하였다. 1578년(선조 11) 선조는 "을묘왜변 시에 전사한 달량권관 조현의 용기가 추앙할 만하다."라고 하여 병조참의에 추증하였으며, 능주의 포충사(褒忠祠)에 제향되었고, 1703년(숙종 29) 정려가 내려졌다.

嘉靖丙申登武科時年二十一歷成歡輸城兩驛察訪鎮海縣監全羅兵水兩營虞候

所莅咸有聲績其任于內者不得詳焉二十九又捷重試三十四除海南縣監遭母憂

居廬卽

嘉靖乙卯歲也于時倭賊入寇先陷古達鎮將曺顯死之本郡守李德出降于賊

賊屯城東鄉校大肆殺掠兵馬使元績長興縣監韓薀戰死列邑營鎮望風奔潰

道元帥李浚慶左右防禦使南致勤金景錫按兵不動賊有北上之勢

公慨然曰君親一體豈可守於禮制而恝視國難遂繚入城中謀於父老曰空城無將領

何以募衆禦敵以我▲爲功曹

비로소 양공은 군의 수장으로 추대되었고, 모두들 복종하면서 그를 따랐다.

양공이 말하기를 "적은 병력으로 많은 적을 격퇴하려면 기묘한 술책으로 허점을 노리는 것만한 것이 없습니다."라고 말했다. 그리고는 십여 명의 창우대로 하여금 알록달록한 비단옷과 꽃으로 장식한 모자를 쓰고 적진 앞에서 여러 가지 희극을 펼치게 하였다.

왜적이 그 모습을 보고는 과연 웃고 팔짝팔짝 뛰면서 큰소리로 떠들어댔다. 향교 뒷산에 잠복하여 그 모습을 엿보고 있던 양공은 적이 무방비 상태인 점을 노려 친히 장정 수백 명을 데리고 일제히 함성을 지르며 급습하였다. 창우대도 옆에서 공격했고, 성중의 노약자들도 북을 치고 고함을 지르니, 죽은 적들을 셀 수가 없었다.

양공 또한 10여 곳에 부상을 입어 병사들을 불러들여 여러 곳에서 잠시 쉬고 있을 때 왜구들이 다시 공격해 왔다.

양공은 싸우고 퇴각하기를 반복하다가 말이 진흙 구덩이에 빠지고 말았다. 양공은 한 손으로는 꼬리를, 한 손으로는 갈기를 잡고 말을 끌어낸 후 다시 말을 타려 했는데 적이 검을 휘두르며 공격해 왔다.

양공은 껑충 뛰면서 몸을 피했으나, 말이 칼을 맞고 쓰러졌다.

양공이 성으로 들어와 말을 바꿔 타고 나가자, 울면서 동료들의 시신을 모으고 있던 왜적들이 양공을 발견하고는 욕을 퍼부으면서 다시 추격해 왔다.

公素爲一郡所推服皆從之

公曰以少擊衆莫如乘虛出奇乃使倡優數十輩穿綵服簇花竿張百戲於賊倭臨視處

賊見之果喜而雀躍爭相喧笑公覘其無備親率丁壯數百人潛從鄕校後峴一齊吶喊奮力掩擊倡優翼而搏之城中老弱鼓噪從之所居戮不可勝討

公亦被十創收兵乍憩諸處屯倭復合趨來

公且戰且退馬陷於淤泥中公一手執馬尾一手執其鬃拔之而將復騎賊飛釼遙擊之

公則跳身而避之馬中而蹶

公入城換騎而出賊聚尸哭之望見公叫罵而復追之

양공은 거짓으로 패한 척 진흙 구덩이로 도망가면서 몸을 숨기고 말에서 내려 도보로 빠르게 지나갔고, 왜적들은 힘을 다하여 추격해 오다가 모조리 진흙 구덩이에 빠지고 말았다. 그러자 양공은 몸을 돌려 그들을 섬멸했다. 근처 왜구들 또한 잇달아 달려와 덤벼들었으나 좌우방어사와 합세하여 연전연승으로 거의 다 죽였다.

사태가 평정된 후 양공은 "상중에 임금의 명을 받아서 출정한 것이 아니므로, 자랑하거나 상을 바란다면 이는 실로 부끄러운 일이다."라고 말하면서, 집으로 돌아와 어머니 상제를 모셨다. 원수 이준경은 전공을 보고하면서 양공에 대하여 한마디도 하지 않았다. 양공은 전쟁의 상처가 심해져 3년이 지난 무오년(1558년) 12월 20일 겨우 41세의 나이에 돌아가시니, 탄식하지 않은 군민이 없었다.

그때의 원통함을 가리켜 남주역 누(樓)에 어떤 사람이 시를 적기를 "공이 있는 달사는 어디로 갔나. 상벌이 명확하지 않으니 공도가 사라졌다."라고 하였다.

또한 이 시의 서문에 "평화의 시기가 오래되어 을묘왜변이 발생하였을 때 여러 장수들이 기율을 잃어버렸다."라고 하였는데, 이것은 이청강의 시화다.

또 읍지에는, "을묘왜변 때 우리 군은 영암성이 거의 함락될 즈음, 양공이 신출귀몰한 전략으로 적을 무찌르면서 남녘이 안정되었다."라고 기재되어 있다.

그럼에도 공적은 남에게 돌아가고, 벼슬과 상이 자신에게만 미치지 못하는 상처를 입었다. 아, 양공의 충성심과 의리와 공적과 열의는 저렇듯 뛰어났음에도 종신토록 묵묵히 지냄으로써 그 공적이 묻혀 버리다니, 다른 사람에게는 상식적으로 있을 수 없는 일이 어찌 그에게만 자주 일어났다는 말인가.

公佯敗而走故從淤泥邊隱身下馬步而閃過賊併力齊追盡陷於淤泥中公回身奮擊
盡殪之旁近屯倭又繼至興賊合左右防禦及始乘勝連戰殲殺殆盡

事旣平公曰起復從戎非由君命伐是邀賞吾實恥之還家守制口不出一言元帥上戰功
獨及於公公則病創甚越三年戊午沒實十二月二十日得年纔四十一郡人莫不齎咨

而稱冤其時南州驛樓有人題詩曰有公達泗歸何處賞罰不明公道滅又有小序乙卯
倭變出於昇平久日諸將多失律云此載於李淸▲江詩話

又邑誌載乙卯倭變本郡被圍城幾陷公設奇殲賊南土賴安云云

蓋傷功歸他人而爵賞不及也嗚呼公忠義功烈如彼其卓而終身嘿然以泯其迹
非常於人數專其能之乎

그러나 세상에는 공의(公議)라는 게 있다.

물이 땅을 덮으면 일시적으로는 물이 땅의 기세를 누른 것처럼 보이지만 결국에는 땅의 기운을 덮을 수가 없듯이 양달사의 공적이 아무리 묻히더라도 남들이 양달사의 공적을 넘어설 수는 없는 것이다. 남주역 누벽의 시뿐만 아니라 본군의 읍지에도 이와 같이 기록돼 있다.

후세 사람들도 옛 향교터를 지날 때면 그 지점을 손가락으로 가리키면서 "이곳은 양해남이 왜적을 섬멸한 곳이다"라고 하고, 진흙 구덩이를 지날 때면 탄식하면서 "이곳은 양해남이 왜구를 유인하여 섬멸한 곳이다"라고 할 것이다. 그리고 그 사적을 가지고 말을 주고받는 읍인들도 "오늘날 우리 고향이 온전히 보존될 수 있고, 전라도가 온전할 수 있었던 것은 누구의 공인가"라고 말할 것이다.

선비들의 공론(公論)도 시간이 가면 갈수록 더욱 늘어나 도백과 읍재가 바뀔 때마다 중단 없이 그 사실을 건의하니, 공의라고 하는 것은 끝내 덮거나 막을 수가 없다는 것을 알 수 있다.

그런즉 한때 명성을 드날리다가도 백세가 지나면 희미해지고, 한때는 굴욕을 당했다가도 백세가 지나면 다시 펼쳐질 수 있다. 이 점에서 양달사공과 남치근 등을 비교해 보면, 누가 진정으로 영광스럽고 누가 욕될 것인가를 양공의 영령도 아마 알 것이고, 구천지하에서는 필시 유감도 없고 기쁨도 없을 것이다. 공의가 가히 두려워할 만한 이유는 하늘의 이치라는 것이 이루어지지 않더라도 이와 같기 때문이다.

然而公議之在世如水之在地勢之所壓雖有一時之壅過畢竟不可得以壅之也不可得以過之也非但驛樓之詩本邑之誌如是而已

後人過鄉校舊墟者莫不指點而曰此梁海南殲倭處也過淤泥者莫不嗟嘆而曰此梁海南誘倭殲倭處也邑人之語其事者皆曰吾鄉之賴有今日伊誰之功至於一道

士論愈久愈菀鋪張其事實齊顧于道伯邑宰前後不已公議之終不可以壅過此可見矣

然則一時之顯百世之晦也一時之屈百世之伸也以此較彼孰榮孰辱公靈有知恐必無憾無欣於九天地下而公議之可畏天理之不成者有如是也

양공의 묘는 영암군 북이면(현 시종면) 조동 계좌(癸坐[45])에 모셔져 있다. 부인은 광산김씨 충순위 김안지의 딸로 양공의 묘와 같은 고개에 별도로 모셔져 있다. 측실에게서 2남 3녀를 두었는데, 장남 연은 참봉이고, 차남 철은 통덕랑이다.

장녀는 사간인 신언경의 아내이고, 둘째는 정의(旌義, 현 남제주군) 현감 김대현의 아내이고 셋째는 회령포만호 이담(李譚[46])의 아내이다.

양공이 돌아가신 지 2백여 년. 양공의 집안 7대손인 적하씨가 도내 유림들이 전후로 보낸 통문과 나주목사 임육의 행장을 가지고 와서 묘지문을 청하면서 말하기를 "집안 할아버지의 공적이 이처럼 위대하나 자손이 없어 아직까지 묻혀 있으니, 어른께서 그 행적을 적어서 세상에 널리 알려 주셨으면 합니다."라고 하였다.

나는 글재주가 없어 사양하였으나 적하씨의 간절한 요청에 끝내 사양하지 못하고 아래와 같이 묘지명을 쓴다.

아, 여기에 해남현감 양공의 무덤이 있으니
후인들은 행동거지를 공경하게 할 것이며
땔나무 하는 아이들과 소 먹이는 아이들도
함부로 훼손하지 말지어다!

숭정 기원후 3년(1798년) 무오

가선대부 예조참판 겸 성균관 대사성

동지춘추관사 원자궁 좌유선

해평후인 윤득부 짓다.

---

45 癸坐(계좌) : 정북인 자좌(子坐)에서 동쪽으로 15도 기울어진 방향. 묘가 본래 현 시종면 조동마을에 있었으나. 2018년 겨울에 문중에서 어머니의 묘가 있는 영암군 도포면 봉호리 산 65번지로 옮겼으며, 2019년 영암군에서 영암군향토문화유산 제8호로 지정했다.

46 이담은 본관이 성주인 1558년 생으로 1614년에야 57세의 나이로 문과에 급제했다. 당시 거주지는 영광으로 나온다 (한국역대인물정보시스템 http://people.aks.ac.kr/, 2023. 7. 8 검색).

夫公墓在本郡北二造洞癸坐之原夫人光山金氏忠順衛安祉女與公墓同岡異壙側

室有二男三女長曰連參奉次曰哲通德郎

女司諫慎彥慶妾次旌義縣監金大顯妾次會寧浦萬戶李譚妾

公沒後二百餘年公之七代傍孫迪河持道▲內儒林前後通文及羅州任牧使焰所爲

狀來請墓之文且曰傍祖之事業如是之偉以無子孫之故尙今泯沒而不章子其圖闡

揚之方

余辭而不文迪河之懇愈切不忍終辭遂爲之銘名曰

嗚呼玆有
海南縣監
梁公之蔵
后人敬止
樵牧勿傷

崇德紀元後三戊午

嘉善大夫禮曹參判兼成均館大司成同知春秋館事元子宮左諭善

海平后人 尹得孚 撰

5. 양해남 남암공 전(傳)

이기경(李基敬), 1779년

　　남암공 전기를 쓴 이기경(1713-1787)은 호가 목산(木山)이다. 전주 오목대(梧木臺) 아래 산다고 붙인 호로 알려져 있다.

　　1757년 중시에서 장원을 한 인물로, 다산 정약용과 친밀한 관계였으나 천주교를 배척하면서 서로 등지게 되었다. 정조의 즉위를 반대했던 홍계희(洪啓禧)와 친분이 깊은데다 성품이 강직하여 참소를 자주 받아 유배를 가곤 했는데, 대사간과 동래부사를 거쳐 한성우윤까지 지냈다. 이 글의 말미에 본관 말고는 아무 관직도 쓰지 않은 것은 이 때문이 아닌가 싶다. 이 글은 그가 말년에 전주에 기거하면서 양달사의 행장에 감동하여 쓴 것으로 보인다. 1842년 5월 24일, 전주향교에서 이런 내용으로 영암향교로 보낸 통문이 발견되었는데, 이 때 이미 양달사 의병장에 대한 공의(公議)가 전주에 떠돌고 있었음을 확인할 수 있다.

양해남 남암공 전

가정 34년 을묘(1555년)년 봄, 왜선 육십여 척이 침입했다. 전라도 연안으로 침입한 왜구는 먼저 달량성을 함락하였고, 여러 진영들도 태풍을 맞은 듯 분궤되었다. 병마절도사 원적과 장흥현감 한온은 전사하였고, 영암군수 이덕견은 항복하였다.

조정에서는 이준경을 도원수로, 김경석 남치근을 좌우 방어사로 내려 보냈다. 김경석은 영암성에 진을 치고 왜적이 성 밖에서 핍박을 해오자 출병하여 200여 급을 베었고, 치근은 나주에서 적을 막고 나가 싸웠으나 패했다는 사실이 춘파(春坡) 이성령의 일월록(日月錄)[47]에 기재돼 있다.

그리고 영암에서의 승리는 오로지 경석 등의 공적으로 돌아갔으나 근자에 전라도 사람들이 모두 말하기를 "이 전쟁은 양해남 달사가 실로 분기하여 의병을 모아 세운 공이고, 다른 사람들은 함께 세운 공이 없다." 하였다.

내가 증거가 될 만한 것이 있는가 하자, 그 동안 관찰사가 바뀔 때마다 올린 서류를 간직하고 있다면서 보여주었다. "상자 안의 여러 글들은 전라도 선비들이 개인적으로 칭송하면서 갖고 있던 것들로, 양달사공의 집안의 문서도 아닌 영암군지에 적힌 것입니다."라고 하였다.

나는 "이것이 진실로 믿을 만한 것인가"하고 더욱 의아한 느낌으로 그것을 자세히 살펴보고 나서야 이 글을 쓰게 되었다.

---

47 조선후기 학자 이성령(李星齡, 1632~?)이 태조부터 인조까지 편년체로 서술한 『춘파일월록(春坡日月錄)』을 말한다.

梁海南南巖公傳

嘉靖三十四年乙卯春倭艘六十餘隻入寇全羅道沿海先陷達梁列邑營鎮望風奔潰
兵馬使元績長興縣監韓蘊戰死靈巖郡守李德堅降

朝廷拜李浚慶爲都元帥金景錫南致勤爲左右防禦景錫屯靈巖賊逼城外景錫出兵
興戰斬獲二百餘級致勤遏賊羅州進戰敗之事載春坡日月錄中

而靈巖之捷盖專歸功於景錫等矣近者聞南士之言咸曰是戰也梁海南▲達泗實奮
義立勳餘人無與焉

余曰有可以爲據者存乎以呈文於前後道臣者示之曰是雖連章累牘乃南士之所私
誦以非公家文字也又以郡誌爲言

曰是則固似可信矣尙亦異夫勝覽之已入梓者也

이청강의 시화에, "남주역 벽에 게재된 시에 짤막한 서문이 있는데, 을묘년의 호남 왜변은 평화로운 날이 오래되어 제장들이 모두 그 기율을 잃어 버렸기 때문이다. 이 일로 후인에게 이 시를 쓰게 하였으니 이 또한 시사(詩史) 중 하나다"라고 하였다.

원문에 기록된 이 시는 18구로 돼 있고, 중간에 "공이 있는 양달사는 어디로 갔나 상벌이 분명치 않으니 공도가 사라졌다."라는 시구가 있으니 이것으로 증거는 충분하지 않은가?

그리고 생각해 보면 청강 이제신은 군자다운 사람으로서, 한가롭게 잡담이나 할 부류의 시인이 아니다. 문헌의 증거도 충분하고, 이청강의 시화에도 이렇게 모두 적혀 있지 아니한가!

그리고 나는 영암 진사인 신사준이 기술해 놓은 유사를 읽고 그 자세한 내용도 알게 되었다.

양공은 을묘왜변 당시 어머니 상을 당하여 집에 있다가, 변고를 들은 날 저녁 눈물을 흘리면서 말하기를 "적의 세력이 육지로 올라왔으나 달량진 관군들이 두려워 싸우지 못하고 변경도 지키지 못했다. 나라의 근심이 극에 달한 때에, 임금과 부모가 일체인데 어찌 예제에 얽매어 이 위기를 무심히 넘기겠는가?"라고 하였다. 상복 차림으로 성에 들어가 부로들에게 말하기를 "나를 공조로 삼으시오." 하니 부로들이 그렇게 하였다. 양공은 군의 수장으로 추대되었고, 부로들은 그에게 복종하였으며, 젊은 장정들이 소문을 듣고 의병에 자원하였다.

曰李淸江詩話載南州驛壁詩有小序云乙卯湖南倭變昇平日久諸將多失律使後人有詩此亦一詩史也

因盡錄原詩十八句而中有有功達泗歸何處賞罰不明公道滅等語此未足爲證乎
曰 唯唯淸江君子人也類非詩家閒話文獻之足徵具不在斯乎

遂取郡進士愼師浚所述遺事而讀之盖得其詳

盖公於是時持母服在家聞變之夕慨然流涕曰賊勢陸梁官軍畏不逼邊境失守國憂罔極君親一體也是烏可拘於禮制而恝然已乎
墨衰入城語父老曰以我功曹父老如其言公素爲一郡所推服及是子弟丁壯者聞願屬

양공이 말하기를 "적은 군대로 많은 적과 싸우려면 신출귀몰한 전략으로 허술한 틈을 노려야 합니다."라고 말하고, 창우대 수십 명으로 하여금 알록달록한 비단옷을 입고 꽃모자를 쓰고 적진 앞에서 온갖 유희를 펼치게 하니, 구경하던 적들이 발을 굴리며 웃어댔다.

양공은 죽기를 각오한 많은 의병들과 은밀히 역현에 잠복해 있다가 일제히 함성을 지르며 불의에 습격하였다. 창우대도 옆에서 공격을 했고, 성중에서도 노소들이 북을 치고 함성을 지르면서 나와 도륙을 하니 그 수를 헤아릴 수가 없었다. 양공 역시 10여 곳에 부상을 입어 병사들을 모아 잠깐 쉬고 있을 때 남은 왜구들이 다시 추격해 왔다.

양공은 싸우고 퇴각하기를 반복하다가 말이 진흙 구덩이에 빠지고 말았다. 양공은 한 손으로는 꼬리를, 한 손으로는 갈기를 잡고 말을 끌어낸 후 다시 말을 타려 하자 추격하던 적들이 검을 휘두르며 공격을 해왔다.

양공은 뛰어올라 칼을 피하였으나 말이 그 칼에 맞고 말았다. 급히 성안으로 들어가 만호 박천추의 말을 빌려 타고 나오니 양공을 발견한 왜구들이 소리를 지르면서 쫓아왔다. 양공은 거짓으로 패한 척 도망가다가 진흙 구덩이에서 말을 옆에 끼고 날렵하게 지나갔다. 적들이 질풍같이 달려들다가 모두 진흙 속에 빠지니, 양공은 몸을 돌려 왜적들을 단번에 무찔렀다. 근처에서 노략질을 하던 왜구들이 잇따라 달려와 남은 무리들과 다시 합세했으나 좌우 방어사의 병사들이 비로소 승기를 타고 공격을 개시하여 왜구를 거의 전멸시켰다.

사태가 평정된 후 양공은 사람들에게 말하기를 "상중에 출전한 것은 임금님의 명을 받고 나간 것이 아니다. 그런데도 고생했다고 자랑하고 상을 바란다면 나로서는 부끄러운 일이다."라고 하였다.

公曰以寡擊衆莫如乘怠出奇乃使倡優數十輩穿綵服簇花竿張百戲於賊陣臨視處賊衆望見雀躍喧笑

公率敢死人數百潛從驛峴出一齊吶喊不意襲擊倡優輩翼而搏之城中老少鼓噪從之屠戮不可勝計公亦彼十餘創收▲兵小憩餘倭又捍來

公且戰且退馬陷濘泥中公一手執其鬃一手執其鬣拔持復騎追倭飛劍遙擊

公躍身而避遂中馬急入城借乘於萬戶朴天樞賊望見公在來叫罵追之公佯敗而走過淤泥梜馬輕步閃過賊疾躡後盡陷淤泥回身奮賊一劍以麾之傍近寇掠者繼至與餘衆復合左右防禦兵始乃乘勝連戰殲殺殆盡

事平公告人曰起復從戎非由君命伐勞邀賞吾所恥也

집으로 돌아와 상주로서의 예의를 처음처럼 지켰다. 원수부에서는 임금에게 여러 장수들의 공적을 보고하면서 각자 차서에 맞게 상훈을 받게 했으나, 유독 양공에게는 미친 것이 없었다.

겨우 41세인 정사년에 돌아가시니, 군민들이 "지난번 양공이 없었다면 우리들은 물고기 밥이 되었을 것이다."라고 말했다. 옛 향교는 군의 성 동문 밖에 있었는데 왜적들의 주둔지가 된 탓에 난이 평정된 후 왜적들의 피로 더럽혀졌다 하여 영암성 서쪽으로 옮겼다.

그리고 후세 사람들은 그 향교 터를 지날 때면 반드시 그곳을 가리키면서 "여기는 양해남이 승전을 거둔 곳이다."라고 한다. 아! 남도 선비들은 지금도 당시의 일을 들을 때마다 애석해 하고 있고, 그 답답한 상황을 글로 마음껏 토로하지 못해 백여 년의 공의가 되었음을 알 수 있다.

또 일월록(日月錄)의 적지 않은 줄거리를 통해 남치근과 김경석이 남의 공을 가로채서 자신의 공으로 삼았다는 것을 분명히 알 수가 있다.

하물며 달량진 권관 조현도 순절했다 하여 조정에서 추증을 하여 정려를 내렸고, 도원수 이준경이나 장흥부사 한온 등도 함께 칭송받고 있다는 것이 여러 야사 등에 소략적으로나마 기록돼 있다.

그럼에도 양공은 스스로 겸손하게 물러났다고 해서 그 업적을 묻어 버리고 끝내는 포상에서도 누락시켰으니, 후세 사람들이 수없이 글을 써서 탄원하는 것이 당연하지 않은가?

양공의 자는 도원이고 호는 남암이며, 제주목사 양을라의 후예이다. 신라와 고려, 조선조에 이르기까지 대대로 벼슬을 한 호남의 저명한 씨족이다.

遂還家守制如初元帥府上諸將功論賞各有差獨不及於公至于丁巳年纔四十一而卒

郡人莫不齎咨於邑曰向非梁公吾屬其魚矣鄉校舊在郡城東門外敵屯居于此亂定後移建城西爲醜血污地也

後人過其墟者必指點曰此梁海南勝戰處噫南士之至今傳道惜其況鬱不章者
可見百世下公議
而日月錄之無少槪見良由南金之掠美爲功

況且達梁鎭將曺顯之殉節至蒙朝家旌贈而亦不與元韓諸人幷稱焉野乘之蹟畧固多類

是若公之退然自戢以泯其跡者見漏於後人之謾筆宜哉

公字道源號南巖梁氏耽羅星主良乙那之後自羅麗逮本朝世襲簪組爲湖南著▲姓

73

사망 후 공적이 남들보다 뛰어난 인물로 평가받거나, 공적이 있었음에도 자기 스스로 말하지 않았던 사람은 옛날에는 자주 볼 수 있었고, (도학자들에게는) 어려운 일도 아니었다. 그래서 양공은 공적을 남에게 돌리고 겸손하게 물러난 것이고 젊은 나이[48]에 돌아가시니 어찌 풍수장군(大樹將軍)[49]의 풍모가 아니겠는가.

아! 참으로 기이하도다.

가정 을묘후 224년(1779년)

전의 이기경 쓰다.

---

48 을묘왜변 2년 후에 돌아가신 것을 말함.

49 대수장군(大樹將軍)은 후한(後漢) 출신의 풍이(馮異)이다. 후한 건국 공로를 인정받아 맹진장군(孟津將軍)이 되었으나 서로 전공을 다툴 때면 자리를 피해 나무 아래로 피하여 붙여진 이름이다.

下於死者而功又過之也且夫有功不自言古人尚或難之而公乃退讓不居以沒其齒

豈亦聞大樹將軍之風耶嗚呼尤可奇矣

嘉靖乙卯後

二百二十四年 仲春

全義 李基慶 述

75

6. 통훈대부 양해남 남암공 묘갈명

오연상(嗚淵常), 1804

오연상(1765~1821)의 본관은 해주이고, 호는 약암(約菴)이다. 할아버지는 오관(嗚瓘)이고, 아버지는 이조판서와 대제학을 지낸 오재순(嗚載純)이나 오연상은 오재륜(嗚載綸)에게 입양되었다. 36세에 문과에 급제하여 형조참의, 남양부사, 예조참판, 동지경연사 등을 역임했다. 약암집이 남아 있다. 김창흡의 4대손 김매순(金邁淳)이 쓴 『이조참판오공묘지명(吏曹參判嗚公墓誌銘)』을 보면, 오연상이 부모님 봉양을 이유로 외직을 청하여 함풍(함평) 현감으로 나갔다고 돼 있고, 1969년 『함평군지』에는 1803년 2월 6일에 부임하여 1804년 12월 2일 부수찬으로 올라갔다고 돼 있는 것으로 보아 1804년 어느 날 양적하가 찾아가 이 글을 받은 것으로 생각된다.

통훈대부 양해남 남암공 묘갈명

주역 계사전에 이르기를, "공로가 있어도 자랑하지 않으며, 덕으로 삼지 않은 것은 겸양의 의리 중에서 가장 큰 것이다[50]"라고 하였다. 나라가 어려울 때 충과 의로움을 떨쳐서 왕이 근심하는 적을 제거하는 것은 신하된 자가 항상 지녀야 할 직분이고, 사태를 수습하고 물러나 공적이 있음에도 자랑하지 않은 것은 군자에게도 어려운 일로서, 옛날 이름 있는 장수나 용사들 중에서도 그렇게 할 수 있는 자가 드물었다.

지난, 가정 을묘년(1555년)에 왜놈들이 대거 바닷길로 침입하여 중국을 능욕하고, 우리나라 변방으로 잠입한 후 영암의 옛달량진에 상륙했다. 놈들의 기세는 날로 대단해져 연변의 여러 군들이 모두 함락당하거나 몰살당하는 피해를 입었다.

병마사 원적은 전사했고, 영암군수 이덕견은 적에게 항복함으로써, 해연(海堧, 해안) 100리 보이는 곳마다 적들에게 점령당했는데, 특히 영암은 적의 소굴이 되어 심하게 살육을 당했다.

영암성 동쪽에 주둔한 왜구들은 사방에서 약탈을 자행하면서, 수시로 북으로 치고 올라갈 기세여서 조정의 근심거리가 되었다.

---

50 『주역』 계사전 상.

通訓大夫 梁海南 南巖公 墓碣銘

易之繫曰勞而不伐有功不德謙之義大矣哉盖當國家虜虜之際奮忠悃義賊王所愾

臣子之常職也及夫事濟而歛退不有其功者是君子之所難而自古名帥勇士鮮有能

之者

昔在嘉靖乙卯倭奴大擧由海道侵陵上國又潛入我境泊于靈巖古達梁旣登陸勢盖

連鴟張沿邊諸郡多被陷沒

兵馬使元籍戰而死郡守李德堅降于敵海堧百里之地賊疊相望而靈巖爲賊巢穴被

劉滋甚

敵據郡城東而屯縱兵四掠有長驅北上之勢朝野以爲憂

영암군민인 양달사공은 마침 어머니 상을 당해 집에 있었는데, 분함으로 눈물을 흘리면서 "임금과 어버이가 한 몸인데, 임금께서 우환을 당했거늘 내가 구차하게 상례를 지키겠다고 전장에 나가지 않는다면 충신이라고 할 수 있겠는가?"하였다. 마침내 상복 차림으로 성으로 들어갔다. 군민들이 양공의 충성심과 의로움에 감복하여 맹주로 추대했다.

양공은 장정들을 모아서 은밀히 적을 물리칠 계략을 가르쳤다. 적들은 많고 우리는 적으므로, 적을 제압하려면 기상천외의 전술만한 것이 없다고 말하고, 비단옷을 입은 창우대로 하여금 적들의 앞에서 여러 가지 희극을 펼치게 했다. 과연 적들이 그것을 보고 크게 웃으며 즐거워하자, 엿보고 있던 양공은 왜구가 무방비 상태인 때를 노려 날렵한 장정 수백인을 거느리고 후방에서 습격하였고, 성중에서도 북을 치면서 나와 수많은 적병을 거의 섬멸하였다.

양공 역시 10여 곳에 부상을 입어 병장기를 거두고 잠시 쉬고 있자, 남아 있던 적들이 쫓아왔다. 양공은 싸우고 물러나기를 반복하다가 패한 척 달리며 진흙 구덩이로 적을 유인하여, 그들이 빠지자 일검에 모두 무찔렀다.

이어 도원수 이준경과 방어사 남치근이 병사들을 거느리고 당도하자, 적들이 바람 앞의 등불처럼 궤멸되었다. 난이 끝나자 양공은 의병대를 해산하고 여막으로 돌아왔다. 조정에서 차등을 두고 논공행상을 단행했으나 양달사공은 거기에 들어 있지 않았다.

本郡人梁公達泗方持母憂在家慨然而曰君親一體也今當主憂之日區區守制而不赴難可謂忠乎

遂墨縗入城郡人素服公忠義推以爲盟主

公召募丁壯密授方略且以爲彼衆我寡制勝莫如奇兵及使倡優綵▲服張戲賊果見之謹笑

公覘其無備也帥壯丁數百人踔爲先之從後襲擊城中鼓噪從敵五六萬衆勦滅殆盡

公亦被數十創按兵持憩賊收餘兵趨至公且戰且退佯爲敗走誘賊於淤泥中一釟盡塵

於是都元帥李浚慶防禦使南致勤以兵繼至敵望風駭潰難遂卒既罷兵公乃還廬朝廷論功有差而公不與焉

사람들이 혹시 이를 못마땅하게 여기면 양공은 웃으면서 "상중에 전장에 나간 것이 임금의 명령을 받은 것이 아닐진대, 공을 세웠다고 자랑하면서 상을 바라는 것은 내가 원하는 바가 아니다."라고 말했다. 우리의 원수인 만추(蠻酋, 왜구)가 난리를 일으킨 일에 대해서 끝내 아무런 내색을 하지 않았다.

을묘년 영암에서의 큰 승리는 명나라에도 알려지게 되었으니, 당시 적의 기세가 얼마나 창궐하였는지 알 수가 있다.

양공은 효심을 충성심으로 바꾸어 권도에 맞게 전쟁터에 선봉으로 나가, 일전을 펼쳐서 그 예봉을 꺾은 것이다. 명나라 조정에서도 완벽한 승리라고 평가할 만큼 위대한 일이었으나 양공은 오히려 자신의 직분에서 당연히 해야 할 일이었을 뿐이라고 하였다.

전공을 양보하고 나서 작위나 포상이 자신에게 오지 않은 것에 대해 화를 내지 않았으니 덕이 있는 사람이 아니라면 누가 능히 그럴 수가 있었겠는가? 공적을 감추고 덕을 내세우지 않았으니, 양달사공이야말로 주역에서 말한 그런 군자의 경지에 이르렀다고 할 수 있는 것이다. 양공의 자는 도원이고 호는 남암이며, 탐라성주 양을라가 시조이다. 증조는 감역을 지낸 홍효이고, 조부는 생원 필이고, 아버지는 사복시주부인 승조로서 대대로 덕행이 있었다. 어머니 한씨는 3남 1녀를 두었으니, 장남은 참봉인 달수이고, 차남은 현감 달사이고, 삼남은 참봉인 달해이고, 딸은 현감 문세호에게 시집을 갔다.[51]

---

51 여기에서는 아버지의 재실인 진주강씨에 대한 언급이 없는데, 족보에는 재실에게서 아들 달초와 딸을 두었다.

人或以爲慊公怡然曰憂服從戎非由君命曜功希賞吾所不爲也終無幾微色於乎蠢

爾蠻酉世爲我讐乙卯之捷奏聞天朝當時賊勢之猖獗可知矣

公移孝爲忠制宜經權首先赴難一戰而立挫其鋒使大兵殿而辨其全勝之功可爲

偉矣

然猶公職分之所當爲耳

若其讓功不居爵賞不及而無慍色而不賢而能之乎

易所云不伐不德公寀有焉

公字道源號南巖系出耽羅以星主良乙那爲始祖曾祖興孝監役祖生員泌考承祖司

僕寺主簿世有德行

妣韓氏生三男一女長曰達洙參奉次曰達泗縣監三曰達海參奉女文世豪縣監

양달사공은 정덕 무인년(1518년)에 태어나 가정 무오년(1558년)에 돌아가 셨으니, 향년 41세였다. 어려서 특이한 자질이 있었고, 용기와 지략이 남보다 뛰어났었다. 장성해 가면서 효심과 우애가 깊다는 소문을 들었다.

정유년(1537년)에 무과에 급제했고, 갑진년(1544년)에 중시에도 합격하여 여러 관직을 거쳤다. 문헌으로 밝혀진 것은 없으나 지방관직으로 성환과 수성 의 찰방을 역임했고, 전라수군 우후, 진해 및 해남 현감을 지냈고, 이르는 곳마 다 명성과 공적이 있었다.

묘는 같은 군의 북이종면 조동 마을 계좌(북동쪽)의 벌판에 있다. 부인은 광산 김씨로 양공의 묘와 같은 언덕이고 무덤은 각각이다. 측실에게서 2남 3녀를 두었 는데, 장남은 참봉 연이고, 둘째는 통덕랑인 철이고, 딸들은 기재하지 않는다.

내가 현감으로 있던 함풍(현 함평)과 양공의 고향이 가까운데, 양공의 집안 손자인 적하씨가 찾아와서 청하기를, "나의 선조께서 세운 공이 저렇듯 뛰어나 지만 조정에서 포전이 내려오지 않았고, 세대가 거듭될수록 그 자취가 없어지 게 되었으니, 무덤 앞에 묘갈이라도 세워서 뒷날 후손들에게 보일 수 있도록 한 마디 적어 주십시오."라고 거듭 청했다.

아. 양공이 세상을 떠난 지 수백 년이 지난 오늘, 양공을 알고 보니 공적이 참으로 아름답구나! 불녕(不佞)[52]한 내가 일찍이 청강 이제신의 시화에서 남주 역 누벽에 적혀 있었다는 시를 보았는데, "공이 있는 양달사는 어디로 갔나, 상 벌이 명확하지 않으니 공도가 사라졌다."라고 되어 있었다. 이것으로써 당시까 지도 양달사의 공적이 잊히지 않고 사람들 사이에서 회자되고 있었음을 알 수 있고, 이 시를 조정에서 미처 주의 깊게 취급하지 않았음을 알 수 있었으며, 이 때문에 내가 묘갈명을 쓰게 되었다.

---

52 불녕(不佞) : 재능이 없음을 말하며, 흔히 자기를 겸손하게 표현하는 말임.

公生於正德戊寅卒於嘉靖戊午享年四十一幼有異質勇略絶人稍長以孝友聞

丁酉登武科甲辰捷重試官職踐歷文▲獻無徵於外爲成歡輸城道察訪全羅水軍虞
候鎭海海南縣監所至皆有聲績

墓在同郡北二造洞癸坐原配光山金氏與公同岡異壙側室二男三女男長連參奉哲
通德郎女不錄

余宰于咸豐與公鄉近公之傍孫迪河氏踵門而請曰吾祖之所樹立如彼其卓卓而襃
典不加世代寢遠其蹟又將泯矣將樹碣墓前以徵諸後願籍一言之重

噫今去公之世且數百年世之知公者盖鮮矣不佞嘗讀李淸江濟臣詩話載南州驛壁
上詩有云有功達泗歸何處賞罰不明公道滅
此可見當時不泯之與誦而亦可以諗詩未扱也遂爲之銘

옛일을 돌이켜보면, 중종 임금 때 섬 오랑캐는 식량이 없다면서 늘 변란을 일으켰다. 하지만 재빨리 도망가곤 하는 놈들을 막을 만한 신하가 없었다.

이에 양공은 여막에서 분연히 떨치고 일어나 단신으로 충의의 칼을 뽑아 들었다.

적은 숫자로 많은 적들을 제압하기 위해 범이 은밀히 먹잇감을 사냥하듯이 웅크리고 있다가 적을 유혹하여 괴멸시켰다. 바닷가에 왜구들의 피가 뒤덮이고 강토가 평화로워졌다.

남쪽의 우환이 수습되고 나서 양공은 아무런 일이 없었다는 듯이 변함없이 시묘살이를 했다. 양공 덕분에 사태를 수습한 원수와 방어사는 호화로운 주택과 고급 마차와 높은 벼슬 등 푸짐한 상을 받았지만, 으뜸으로 공을 세운 양달사공에게는 아무 것도 주어진 게 없었고, 죽는 날까지 아무런 혜택이 없었다.

사람들이 추어올릴수록 양공은 더욱 겸양하였고, 사람들이 원통하지 않으냐고 하여도 화를 낸 적이 없으니, 어찌 양공에게 공적이 있다고 말할 수가 있었겠는가?

양공이 말하길, "상중에 출사한 것이 어찌 예라 하겠는가? 공적을 자랑하고 상을 요구하는 것은 진실로 부끄러운 일이다. 공적을 세운 것이 어려운 것이 아니라 겸손하게 물러난 것이야말로 귀하게 되는 것이다."라고 하였다.

주역에서 말하기를, "모두 드러내어 마음속에 조금도 부끄러워할 것이 없는 것은 덕을 좋아하는 사람의 떳떳한 본성이다."라고 하였고, 시인들도 시로 노래했다.

나도 그 말을 취하노니, 양공의 공적이 오래도록 밝게 드리우기를…….

曰稽昔

中廟島夷爲患因食無謨守臣奔竄

爰有梁公奮闕忠武單身尺釰起自草土

以寡制衆如虓如蟄峒魅海域肝腦塗地壇場晏如

如南憂以紓公不自有持憂如初因人濟事之元帥防禦朱門[53]丹轂傘膴以胥懋賞之典

不及首功況軻終身奚有於公衆所推詡[54]公愈抑損[55]衆所稱屈公則無慍

公曰起復豈禮之宜衒功徼賞吾寔恥之樹功非難謙之爲貴易云▲不公庶無愧秉彝

好德風人有詩我採其辭永世昭垂

53　朱門(주문) : 관리들의 호화 주택.

54　推詡(추후) : 추어올려 자랑하거나 칭찬함.

55　抑損(억손) : 자만스러운 마음을 누르고 겸양함.

숭정 기원후 삼갑자(1804, 순조4년)

통훈대부 전행 홍문관부교리 겸 경연시독관

춘추관 서기관 지제교

해주 오연상 찬

崇禎紀元後元三甲子

通訓大夫

前行弘文館副校理兼

經筵侍讀官春秋館記事官

知製敎

海州吳淵常 撰

7. 고(故) 현감 양공 사적 후(後[56])

이인채(李寅采), 1804년

이인채(1758-?)는 한산이 본관이고, 보령 출신이다. 1783년(정조 7년) 증광시에 급제한 후, 통훈대부 행홍문관(行弘文館) 부교리 지제교 겸 경연시독관 춘추관기주관 서학교수, 무안군수 등을 역임했다. 1899년 무안군읍지에 의하면 이인채는 1802년 7월부터 1804년 11월까지 무안군수를 역임했다. 이 글은 그가 무안군수로 있을 때 쓴 것으로 보인다. 기이하게도 이 책에는 영암군수들의 글이 전혀 없다. 을묘왜변 당시 영암군수 이덕견이 항복한 탓인지, 후임 영암군수들은 양달사 의병장의 공적과 포상 문제를 직접 거명하기가 매우 난처했던 듯싶다. 1842년 5월 24일 전주향교에서 영암향교로 통문을 보내 양달사 의병장의 포상을 내려줄 것을 건의하자고 하였고, 이런 지역 여론을 이시재 관찰사가 보고하여 1847년 10월 19일 양달수는 사헌부지평으로 양달사는 좌승지로 추증되었으나, 1897년 영암군지에는 여전히 포상이 내려오지 않았다고 적혀 있다. 이는 영암군에서 조선 말까지 양달사 의병장의 포장(褒獎)에 거의 관심이 없었음을 반증한다.

---

56 후서(後序)를 말한다.

고 현감 양공 사적 후

아! 이것은 돌아가신 해남현감 양공달사가 왜구를 섬멸한 사적의 하나다.

가정 을묘년(1555년) 왜란이 수습된 지 250년이 지났지만 초동이든 농사꾼들이든 고을사람들은 당시의 전적지를 가리키면서, 머리칼을 곤두세우며 기개 있고 용맹한 용사가 싸웠던 그 사건을 입에 달고 시끄럽게 떠들어댄다. 아울러 양공이 살아서도 상을 받지 못했을 뿐만 아니라 죽어서도 포상이 없음을 슬퍼하고 탄식하고 부들부들 떨면서 불평을 하니, 이는 과연 누가 그렇게 하도록 한 것인가?

양공의 충과 의가 사람들을 깊이 감동시키지 않았다면 어떻게 시간이 가면 갈수록 공의가 세상에 오래도록 남아 사라지지 않았겠는가.

아. 양공은 어려서 부모를 잘 섬겨서 효자로서 향리에 이름이 나 있었고, 어머님 상을 당해 시묘살이를 함에 있어서는 무덤 앞에 나갈 때마다 넘어지듯 통곡을 하면서 예법을 갖추니 효심을 가히 알 만하다.

어느 날 아침, 분연히 눈물을 훔치면서 상복과 경전을 내려놓고 무기를 집어들고는, "저 짐승같은 왜놈들을 잡아 죽이려면 그 소굴로 들어가야만 한다. 이것을 어찌 이룰 것인가?"라고 하였다. 양공이 국난을 알고서 거병을 하지 않을 수가 없었던 것은 백성들이 어육이 되는 것을 차마 볼 수가 없어서일 뿐이지 공훈을 바라거나 상을 바라는 마음은 털끝만큼도 없었던 것이다.

그 당시 왜구의 침입으로 나라가 크게 잘못되어 향교가 더럽혀지고 전 강토를 약탈당했기 때문에, 잠시 상복 대신 무기를 집어들었던 것이다.

書故縣監梁公事蹟後

嗚呼此故縣監梁公諱達泗殲倭事蹟一通也今距嘉靖乙卯拾爲二百有五十年而州
之人雖樵童耘夫皆能指點戰地爲之髮竪氣勇士大夫道其事嘖嘖不離口語及公之
生無賞死無褒輒慷慨欷歔扼腕不平此果孰使之然哉

豈非忠義之感人者深而公議之在世愈久而愈不泯耶
噫公自少善事親而孝子名於鄉里其居憂也造次顚沛之必於禮可知也

一朝奮然揮涕而起釋衰經及干戈猜豹虎之窟蹀鯨鯢[57]之血是豈得已也哉　其心只
知國難之不忍擧越生靈之不忍魚肉而已無一毫希功徼賞之念

泰錯於其間故及其廊桿[58]腥穢獲全壇場則韜刀投戈丞反喪服

57　鯨鯢(경예) : 커다란 고래라는 뜻으로, 거대한 짐승이 작은 것을 잡아먹는 것을 뜻함.
58　廊桿(낭간) : 회랑과 난간을 뜻하며, 여기에서는 향교를 의미.

세상에서 양달사의 공적이 감춰진 것은 상중에 나가 싸운 자를 포상한 전례가 없어서라고 한다. 입이 있어도 양공이 말하지 않았고, 상중이 아닐 때도 여막 밖으로 나오지 않아서라고 한다.

효자의 몸가짐에 있어서 양공이 다급하게 여막을 나와 전쟁터에 뛰어든 것은 하늘의 이치이자 백성의 도리에서 나온 것으로, 나라를 지키는 것과 상례를 지키는 것은 하나라고 보았기 때문이었다.

하지만 양공은 상중에 전장에 나갔기 때문에, 백성들을 가엾게 여기는 마음에서 한 행동이기 때문에 자신의 업적이 묻혀 버렸으나 후회하지 않았다. 세상을 흔들어 이름을 날리기를 좋아하는 사람들이 원수부에서 양공의 공훈을 보고하지 않아 아무런 포은이 미치지 않았다고 떠들어대도, 오히려 경계하면서 아무런 응대를 하지 않았다.

그렇다손 치더라도 어찌 양공의 갸륵한 업적과 아름다운 명성을 감추고 전혀 드러나지 않게 그 공적을 약탈해 갈 수 있단 말인가?

장자가 말하기를 "행한 바가 없으면서도 이루어진 것이 의(義)이며, 행한 바가 있어서 이루어진 것은 이(利)이다."라고 하였으니, 그렇다면 양공의 그 공적은 행한 것이 없이 이루어진 것이란 말인가?

공자께서 말씀하시기를 "부모를 섬기는 효심을 임금에게 옮긴 것이 충성심"이라 하였다. 따라서 양공은 자신의 효심을 충성심으로 변화시킨 것이라고 할 수 있으나, 놀랍게도 양공의 충성심은 오히려 효심으로는 미치지 못할 것을 가능하게 하였다.

만일 공로가 있음에도 자랑하지 않은 사람을 충신이라 하고, 그 권도를 알지 못하고 그 바른 도리(상례)를 잃지 않은 것만을 효라고 한다면, 양공의 공적을 논할 자격이 없는 사람이다.

盖▲世之功歟而若無依舊

是口不言非喪足不出廬外之

皇皇焉望望焉孝子之容身盖其出而從戎入而守制一出於天理民彛之正

而恥言起復泯其跡而不悔者誠意惻怛可質神明興世之好名飾諫[59]者不可同日語也
然則幕府上功之不及公者

豈亦感公之誠成公之美而不專出於掩而掠之者歟
張子曰無所爲而爲者義也有所爲而爲者利也
公其無爲而爲者歟

夫子曰事親孝故忠可移於君公其移孝者而爲忠者歟噫公之忠猶可能也其孝不可
及也

若徒知其勞而不伐之爲忠而不知其權而不失其正之爲孝則未足以尙論公也

59　飾諫(칙간) : 간언을 경계하고 물리침.

아, 세상이 쇠락하다 보니, 교화가 해이해져 임금님이 돌아가시고 부모님을 여읜 후에도 예보다 이익만을 급선무로 여기는 일이 만연해 있다. 만약 양공의 위대한 충성심과 효심이 표창되지 않는다면, 장차 신하가 되려는 자들에게 어떻게 나라에 충성하라고 할 것인가?

사기에 말하기를, 대란을 당해야 나라에서 충신을 배향한다고 하였다. 양공과 같은 분을 다른 분들과 나란히 사당에 배향하게 하는 것에 너무도 인색하고, 증거로서 탐문하여 모은 양공의 공적에 대한 귀한 자료들을 지금까지도 조정에 보고하지 않았다고 하니, 사람의 마음이 어찌 답답하고 억울하지 않겠는가.

그래서 부녀자나 아이들이 아래와 같이 노래하고 있다.

세월이 흘러도 양공의 업적은 사라지지 않으니
선비들이 추모하기 때문이고,
세월이 흘러도 양공의 절개는 잊혀지지 않으니
월출산의 바위가 부서지지 않기 때문이다.
달량진 바닷물이 마르지 않으니
양공의 명성이 이와 함께 하기 때문이고,
세상의 공의(公議)도 백세토록 이어질 것이니
증거들이 여기에 있기 때문이다.

양공의 집안 손자인 적하씨가 사적이 적힌 책자를 소매에 담아 와서 나에게 그 후서를 지어줄 것을 청하였다.

嗚呼世衰教弛遺君後親而惟切利是急者滔滔也

若公之忠孝大節不有以表章之爲人臣子將何勸焉

記曰抗大難則祀之者

若公者早宜列於祀典尙

何橐稧[60]之足靳而任採訪之貴者迄不以聞於朝人情安得不鬱抑也

然惟其如是也故婦孺之誦

> 公愈不衰士林慕
> 公節愈不諼
> 月出之石不爛
> 達梁之海不枯則
> 公之名將與之
> 無極百世公議
> 其在斯歟

公之旁系孫迪河氏袖此卷余請識其笈余惟諸名德耶爲誌狀遺事發▲揮

---

60   橐稧(탁계) : 이미 공신이 된 분들과 함께 하는 것을 뜻함.

생각건대 "명성과 덕망이 있는 분들이라야 묘지(墓誌)나 행장이나 유사를 잘 쓸 수 있습니다. 깊숙이 묻혀서 알려지지 않은 양공의 공적을 생각할 때, 미천한 내가 어떻게 제현들의 말씀에 덧붙이겠습니까?"하고 완고하게 사양하였다. 하지만 끝내 뜻을 이루지 못하고 마침내 글을 지어 바친다.

숭정 기원 후 삼갑자(1804년) 중추 상순
통훈대부 전홍문관 부교리 지제교 겸
경연시독관 춘추서주관 서학교수
이인채 쓰다.

公靡餘蘊顧余謏淺[61]何敢贅諸愈固而辭不獲則遂書此而歸之

崇禎後三甲子中秋上澣

通訓大夫前弘文館副校理知製教兼經筵侍讀官

春秋館記注官書學教授

李寅采 識

61　謏淺(소천) : 부족하고 얕음.

8. 양해남 남암 기적문(記蹟文)

임우진(林祐鎭), 1801년

임우진(林祐鎭, 1747.3.6-1808.6.6)은 이 책의 첫 번째 글을 쓴 임연과 같은 나주임씨 장수공파 사람(24세손)[62]이며, 임우진의 7대조는 임연과 사촌간이다. 나주임씨 가문의 재산관리규정인 『의고(義庫, 국립중앙박물관 소장)』를 정리하였고, 정자공파 몽촌공 임타(林墥[63] 1573.7.17.-1644.7.27.)와 절도공파 임게(林垍[64] 1580.4.18.-1643.11.24.) 등의 업적을 찬술한 것으로 보아 학행과 덕망이 높았던 분으로 보인다.

---

62 나주임씨인터넷족보(http://www.yesjokbo.net/jokboroot/new_default.asp, 359쪽)을 보면 장수공파로 보이나, 절도공파 24세에도 세 살 위인 임우진(林祐鎭)이 있다.

63 임타는 상주목사를 지낸 정사원종공신이다.

64 생부는 백호 임제로, 임제의 동생인 의병장 임환(林懽)의 양자로 들어갔다. 인조반정 등의 공신이며, 영암 삼호에 묘가 있다.

양해남 남암 기적문

저 옛날, 섬 오랑캐가 침략하여 영암 동쪽을 거의 잃어 위태로워지면서, 봉화가 줄지어 타올랐다. 이때 고대의 장수다운 유풍(遺風)을 지닌 양공은 상복 차림으로 전쟁에 참여하였으니 효심을 충성심으로 옮긴 것이었다.

미끼로 적을 유인하는 신출귀몰한 전술을 펼쳤다. 적들이 주둔한 성 앞에서 알록달록한 차림의 창우대에게 희극을 펼치게 하고, 진흙 구덩이로 적을 유인한 뒤 전광석화처럼 공격하여 큰 공을 세웠다. 백성들은 다시 고을을 찾았고, 추악한 왜구들을 저렇듯 빈손으로 돌아가게 하였다.

훈부에서는 당시 많은 영웅호걸을 포상하면서 화살촉 정도의 미미한 공적임에도 외람되게 활처럼 큰 은덕을 베풀었다.

복숭아와 자두나무 밑은 소문이 없어도 길이 난다고 하였다. 공적을 임금께 보고하는 길이 모두 막혀 한나라 풍수대장군처럼 양공은 변방에서 머물러 있었지만, 양공이 당나라 화경이란 장수처럼 큰 공을 세웠다는 이야기가 성안의 말을 배우는 아이들 사이에 구름처럼 떠돌고 있다. 군더리방죽을 지나가던 행인들도 한 지점을 가리키면서 양공이 왜적을 유인하여 참살하였다는 구전이 아직도 풍부하게 역사 속에 남아 있다.

梁海南南巖 記蹟文

伊昔島夷闖發[65]靈東邊將失險列燧通烘時有梁公古將遺風墨衰從戎移孝爲忠

餌敵設奇屢樹膚功[66]乘城張戲竿綜紅涉淖[67]輕身電掣雲鬐尙珉再獲郡醜喙[68]空彼哉勳府時多豪雄功微寸鏑恩濫弘弓

桃李無言路阻宸楓什方猶佚樹漢代元戎[69]號稱花卿[70]學語兒童城雲尙結野渡泥融[71]行人指點口碑猶豊良史

---

65 闖發(틈발) : 기회를 보아 일어남.

66 膚功(부공) : 큰 공.

67 涉淖(섭요) : 진구덩이를 건넘.

68 醜喙(추훼) : 왜구를 뜻함.

69 元戎(원융) : 훈련대장 혹은 우두머리.

70 花卿(화경) : 본명은 화경정(花敬定)이며, 당나라 숙종 때 사람이다. 반란을 진압한 공을 세웠음.

71 泥融(니융) : 진흙 구덩이.

작자 불명의 떠도는 시에서도 전하기를 "양공은 남녀의 의사이자 뛰어난 자질을 가진 분이다"라고 하였고, 훌륭한 문장가인 청강 이제신도 문집에서, "양공의 뛰어난 공적에 영광을 보태어 구천에서도 빛나는구나. 높은 벼슬아치인 것처럼 직분을 다하였네."라고 하였다.

물고기와 곰이 푸른 바다와 서산을 서로 바꾸었더라도, 즉 고관대작들의 입장이 되었더라도 양공은 생을 버리고 의를 취했을 것이다. 한나라의 흥성이나 당나라의 융성도 목숨 바쳐 죽은 자들에게 달려 있지 않았는가.

아! 말세의 풍속이 악을 좋아하여 중용에서 벗어났고 공적을 기록하는 이정(彝鼎)에 벌레(沙虫) 같은 놈들을 기록하였으니, 쇠를 가볍게 여기고 깃털을 무겁게 여긴 것이다.

그러나 사람은 하늘의 운행을 숭상하며, 마음을 가다듬고, 민심에 귀를 기울이면서, 공의가 통하기를 기다려야 한다.

듣건대 잠옹의 남호의록에도 양공의 공적이 명확히 드러나 있으니 아무리 어두운 세상이 오더라도 양공의 공적은 사라지지 않을 것이다. 처음과 끝은 동시에 이루어지는 것이니, 종묘 사직이 있는 한 양공의 공적은 천추에 빛날 것이다.

신유년(1801년) 중춘

금성 임우진(林祐鎭)

無人野詩傳公南州義士亦有于嵩卓矣淸江文章鉅工泉塗增擢炳若紗籠[72]人臣盡職

或魚或熊[73]靑海西山易地則同漢靑唐晟不在殉躬

噫彼末俗好惡乖中功彜鼎[74]蹟記沙虫金輕羽重方寸齊崇時回右文明司聰[75]有世有待公議乃通

余聞有徵紹述潛翁[76]南湖義錄昭洪昏夢公功不泯成始成終不昧千秋宜廟宜宮

歲辛酉仲春日

錦城 林祐鎭

---

72 紗籠(사롱) : 현판(懸板)에 먼지가 앉지 못하도록 덮어 씌우는 사포(絲布). 여기서는 부귀한 신하.

73 『맹자』 고자(告子) 편을 보면, '생선요리도 내가 먹고 싶고, 곰발바닥도 먹고 싶지만, 이 두 가지를 동시에 먹을 수 없다면 곰발바닥 요리를 취하겠다. 사는 것도 내가 원하는 바이고, 의(義)도 내가 원하는 바이지만 이 두 가지를 동시에 가질 수 없다면 사는 것을 버리고 의를 취하겠다.'라고 한 구절에서 인용한 것임.

74 彜鼎(이정) : 제사에 사용한 큰 솥. 여기에 공적을 새겼음.

75 司聰(사총) : 민심을 살핌.

76 잠옹 남하행(潛翁 南夏行. 1697~1781). 고금의 전적에 통달했으나 벼슬은 하지 않음. 저작으로 『와유록(臥遊錄)』, 『술선록(述先錄)』이 있으나 『남호의록』은 현재 찾을 수가 없다.

9. 양해남 행록 후서(後序[77])

기학경(奇學敬)

기학경(1741-1809)의 본관은 행주(幸州). 호는 겸재(謙齋). 기대승(奇大升)의 7세손이다. 사간원정언 · 무장현감(茂長縣監)을 거쳐 홍문관수찬 · 교리에 이르렀다. 저서인『겸재집(謙齋集)』에도 이 글이 실려 있다.

당시 전라도에서 가장 명망 있던 학자 중 한 분인 그가 후서를 쓴 것은 당시 호남 지방의 양달사에 대한 공의가 어떠했는가를 반증하며, 기학경은 양달사의 형인 덕재공 달수(德齊公 梁達洙)의 행록도 지었다.

---

77 이글은『겸재집(乾)』에도 실려 있으나 생략된 부분이 많다.

양해남 행록 후서

남암양공 휘는 달사이고 자는 도원이다. 정덕 무인년(1518년)에 영암군 망달리에서 태어났다.

양공은 그 당시 뛰어난 준걸로서, 충효의 큰 모범이 되었으나 2백여 년이 지난 지금까지 나라로부터 은총을 받지 못해 남쪽 사람들이 애석하게 여기고 있으며, 나도 일찍이 선배들의 말을 듣고 마음속으로 매우 존경하고 사모하게 되었다.

양공의 집안 손자인 적하씨가 와서 행록 서문을 청하였다. 내가 양달사 기록들을 보니, 제현들이 숨겨진 광채를 드러내듯이 사실들을 낱낱이 발굴하고 드러내서 다시 덧붙일 것이 없었다. 깊이 알고 아름답게 표현돼 있어 내가 감히 어찌 덧붙이겠는가 싶었다. 하지만 이미 느낀 바가 있는데 어찌 한 마디 하지 않을 수 있겠는가 싶어 마침내 서문을 쓴다.

사람은 태어나면서 성정(性情)이 본래 선하다. 그런데도 불선한 사람은 왜 있는가? 사사로운 욕심에 이끌리기 때문이다.

무릇 사람이 사욕을 부리면 본성을 해치고 착한 마음은 탐욕으로 물들어 인(仁)을 해치며, 사욕으로 잔인하게 되면 의를 해친다. 이것은 마음 속에 본래 있었던 적이 아니라, 사람이면 누구나가 마땅히 다스릴 수 있는 적이다.

진실로 마음이 굳고 사리에 밝은 군자는 본성을 해치는 욕심을 버리고, 본성을 회복하여 효(孝)를 행하고 충(忠)을 행한다. 그러니 어찌 불선으로 나아가겠는가.

梁海南 行錄後序

南巖梁公達諱達泗字道源正德戊寅子生于靈巖郡望達里公以間世英俊有忠孝大
節而至今二百餘年尙未蒙崇報之恩 南州之人莫不歎惜予亦聞先輩之言嘗有聳慕
之心矣

公之傍系迪河甫來請行錄序文予觀其誌狀文字益詳其事實諸賢之所以闡發幽潛
光者無復餘蘊可謂深知善言之也余何敢疊床乎然旣有所感又安可無一言乎遂爲
之說

曰人之生也性本善也惑有不善者何也私欲誘之也
凡欲私之有害於性善者貪黷之害仁也殘忍之害義也
此非心中之凶賊乎
皆人皆當爲敵克治者也
苟有剛明君子去其心
賊而復其本性則爲孝爲忠何性而不善乎

그런즉 용감하게 선(善)을 따르면 환란을 당해도 적을 이길 수 있고, 그 전공을 자랑하려고도 하지 않으니, 본성이 가리워진 바가 없는 사람이라야 가히 그 경지를 알 수 있는 것이다.

양공은 무재(武才)에 뛰어난 자질을 타고 났으며, 지혜롭고 총명하고 절륜하였다.

어려서 형 달수와 동생 달해, 달초와 같이 집안 족숙인 학포의 문하에서 배웠다. 소학의 도리를 배웠고, 육예의 가르침도 일찍 익혔다. 몸가짐은 고상하고 고결했다. 어버이를 섬김에 있어서는 근동에서 소문이 날 정도로 효를 다했다. 지혜와 용기도 남달랐고, 호탕하고 씩씩한 기운이 넘쳤으며, 뜻을 세우면 힘써 진력하고, 끊고 맺는 것이 확고하여 무리 중에서도 눈에 띄었다.

나이 20에 무과에 급제하여 중앙과 지방직에서 이름을 떨쳤고, 가는 곳마다 청백리로서 치적과 명망이 있었다. 사람들이 모두 포부가 원대하여 앞날이 기대된다고 하였으니, 이 역시 평소에 본성을 기르고 사사로운 욕심을 멀리한 결과가 아니겠는가?

가정 을묘년(1555년)에 불행히도 왜변이 있었다. 흉맹한 위세가 하늘을 뒤덮고 오랑캐의 기세에 각 진영이 모두 태풍에 맞은 듯 쓰러졌다. 잇달아 성들이 함락되면서 항거는커녕 항복하지도 못하고 죽었다.

흉맹한 기세로 영암에 이른 왜구는 집들을 불태우고 노략질을 일삼았다. 창검을 휘둘러 백성들을 어육으로 만들면서, 북으로 진격할 긴박한 태세였다. 조석으로 서울에서 달려 내려온 원수와 좌우 방어사는 감히 그 무서운 예봉에 다가서질 못하고 병사들을 다독거리면서 성안에서 움직이지 않았다.

然則勇於從善臨亂剋敵

而不伐其功者無人欲所蔽可知矣

公天資英武俊偉聰悟絕倫

幼年與伯兄參奉公達洙第參奉公達海參奉公達礎受業於其族叔學圃之門已知小

學之道

早習六藝之教操行高潔物欲淡然至誠事親以孝子聞於鄉黨智過人豪爽發越立志

之高勵節之確固已卓然不羣矣

年二十登武科歷揚中外到處清白蔚有治績譽望日播衆皆以遠大期之是亦平日養

心寡欲之效也歟

嘉靖乙卯不幸有倭變凶威滔天所匈風靡各鎮皆陷列城莫抗不降則死矣

凶鋒至於朗州搶殘焚掠

生民魚肉北犯之機迫在朝夕元帥及左右防禦使莫敢攖其鋒按兵不動

이때 양공은 해남현감으로서 모친상을 당하여 상례를 지키면서 집에 있었는데, 걱정과 분노를 이기지 못하고 흐르는 눈물을 닦으면서 "내가 왕의 신하로서 평시에도 항상 보은하기를 바랐었다. 하물며 이렇게 국가가 극한 위기에 처했을 때 상례를 지키는 것을 요행으로 알고 살기를 도모한다면 현명하다고 하겠지만, 이것을 어찌 의롭다 하겠는가?"라고 말했다.

이윽고 형 달수와 동생 달해, 달초 등과 함께 상복 차림으로 성에 들어가 창의병을 모으니 고을 사람들이 소문을 듣고 몰려들었다.

양공은 분격하여 검을 빼 들고 사졸들을 선도했다. 신출귀몰하고 변화무쌍한 전술을 사용하여 적은 수의 병사로 적을 대파하고 적진으로 들어가서 많이 죽였다.

자신도 10여 곳에 부상을 입었으나 의병들과 사력을 다해 적을 섬멸하였으니 모두 영웅적 풍모와 의로운 기상을 지닌 양공의 공격에서 비롯된 것이다. 왜적을 맞아 그 예봉을 크게 꺾었고, 그런 연후에 원수의 병사들과 함께 공격하여 적을 몰살시키니 바람에 쓰러지듯 하였다고 부를 만하다.

살아남은 백성들을 의병으로 모집하여 더러운 짐승같은 왜구를 쓸어버리고, 나라에서 다시는 남쪽을 걱정하지 않게 한 것이[78] 누구의 힘인가? 그런데도 원수는 임금께 양공의 공적을 보고하지 않았다. 다들 상을 받게 되었지만 유독 양공에게는 미친 것이 없었고, 끝내 훈장이나 포상도 없었다. 하지만 양공은 평온한 모습으로, 거기에 연연하지 않고 집으로 돌아와 어머니의 상례를 지키며 처음처럼 담담하게 지냈다.

---

78 밑줄 그은 부분은 필사시 잘못 기록한 듯하여, 겸재집을 참고하였다.

時公以海南縣監遭母憂

持制在家公不勝憂憤慨然雪涕曰吾以王臣雖在平時尚欲報效而況此國家危竟之

際乎若以圖生爲幸守制爲賢是豈義也哉

遂與伯兄諸第墨衰入城中倡義募兵鄉人聞風響應公杖劍奮擊爲士卒先發謨出奇

變化如神以小敵衆大破倭陣所屠戮甚衆

身亦被十餘創義兵之盡死力殲賊者皆是公英風義氣之所激也

倭賊之銳氣大挫

然後元帥兵繼起合擊盡殲之可謂順風而呼也

肅淸腥塵招集遺黎國家更無南顧之憂者是誰之力也

元帥上戰功獨不及於公

竟無築勳寵賚之典

而公夷然不以爲戀

還家守制如初瞿瞿

문밖의 매화는 사라져도 향기로 자취를 남긴다. 사람들이 평시에 왜란 때의 공적을 언급하면, 양공께서는 늘 "임금의 명으로 기복출사한 것이 아니므로, 공적을 자랑하고 상을 요구한다면 나로서는 심히 부끄러운 일이다."라고 말씀하셨다. 이를 통해 우리는 양공의 진심 어린 충성심과 백성을 사랑하는 마음을 충분히 알 수가 있다.

창상으로 신음하다가 돌아가시니 향년 41세였다.

아, 예로부터 충효에 독실한 자에게는 세상의 인심도 박절하지 않았다. 더욱이 양공의 충과 효에는 윤상(倫常, 인륜의 상도)이 있는 것이다. 국가에 큰 전공을 세우고, 남쪽 백성들에게 큰 덕을 베풀었으면서도, 공덕이 감춰지고 없는 것처럼 되었음에도 성을 내지 않았으니, 참으로 순수하고 고결한 덕성을 지닌 무욕(無欲)의 군자가 아니라면, 어찌 그럴 수 있겠는가.

아! 난세를 당하고도 나라를 지키는 장수들이 없었기에 상을 입어 시묘살이하는 처지였음에도 목숨을 돌보지 않고 나섰으니, 이 또한 기이한 일이다.

또 상중에 무기를 들고 전쟁에 나가서는 화를 당한 이웃 고을들에 격문까지 보내 무기와 군인을 모아 창의하고, 왜구와 격전을 벌였으니, 얼마나 위험하고 절박하였으면 그리 하였겠는가?

승패를 고려하지 않고 단신으로 검을 들고 호랑이 굴로 들어가, 돌팔매와 화살을 무릅쓰고 심력을 다하여 백번 죽을 고비에서 살아나온 것이었다. 국가가 위난에 처함에 적을 토벌하는 것을 잠시도 지체하지 않았던 것이다.

梅梅無戶外之迹

人有語及平倭之績則必曰起復從戎既非君命伐勞邀賞吾甚恥之也此可見至誠惻

怛之意也

.

以創瘝呻吟居數歲卒享年四十一

嗚呼自古篤於忠孝世不乏人則公之忠與孝猶有其倫矣惟其有大功於國家有大德

於南民而歛而若無泯其迹而不慍者若非精白介潔純德無欲之君子何以能之乎

噫公當此亂世既無守守又非平人居廬守喪以保軀命亦非異事

且雖起復赴亂而惟當傳檄列邑倡義聚軍並力擊倭則豈有危險阨迫之事乎

今乃以單身尺劍提孤軍直搗豹虎之窟不顧成敗彈盡心力衝冒矢石出百死得一生

誠以急於爲國討賊不欲暫時遲回者

한번 하늘의 이치를 깨달은 사람은 마음도 바르니, 어찌 털끝만큼이라도 공적을 바라는 사욕이 있었겠는가? 용감하고 민첩한 재주와 청렴하고 준엄한 기상을 지닌 양공을 만일 세상에서 크게 기용하여 그에게 삼군을 통솔하게 하였다면, 일당백으로 그 지혜와 용력을 펼치게 하였다면, 그가 이룬 업적과 성과를 어찌 쉽게 헤아릴 수 있겠는가?

그러나 생전에는 포상이나 등용되는 은전이 없었고, 죽어서도 임금님의 은총이 없었으니 어찌 더욱 슬프지 않겠는가? 오랫동안 눈물로 가슴을 가득 채운 이는 옛날 제갈량 한 사람만이 아닌 것이다.

아. 슬프다. 공적이 없어도 시호가 있고, 덕이 없어도 역사에 기록되어 칭송받는 이가 세상에 얼마나 많은가? 남치근이나 김경석 같은 이는 다른 사람 덕분에 복록과 벼슬을 받고 평생 동안 자랑했었다.

하지만 오래지 않아 쓸쓸하게 그들은 세상에서 소문을 들을 수 없었지만, 남암공은 그렇지 않았다. 당시에는 비록 포상받거나 존경받는 명성이 없었으나, 남쪽 선비와 백성들이 지금까지 오래도록 송축하고 있다. 벼슬을 얻지는 못했지만, 양공의 공적과 행실은 이 세상에서 더욱 소중하게 평가되어 명사들의 훌륭한 문장으로 끊임없이 찬미되고 있다.

이리하여 양공의 명성이 후세에 더욱 드러나게 되었으니, 이것이야말로 백세가 되도록 사라지지 않는 것이며, 옛 현인들이 작위나 포상보다 글로써 남는 것을 더욱 영예롭다고 하였으니, 어찌 믿지 않을 수 있겠는가?

빛을 내는 구슬은 물에 잠겨도 흐려지지 않고, 천하의 이치는 오랫동안 찾아서 반드시 밝히는 것이니, 양공처럼 예전에 굴욕을 당했다 하더라도 오늘에 와서 끝내 널리 알려질 것을 어찌 알았겠는가?

一出於天理民彝之正安有一毫爭先邀利之私乎以公雄敏之才清峻之氣若得大用

於世使其持三軍而當一百展布其智勇則其功業之成取豈易量哉

然而生而無獎拔之恩沒而無寵褒之典豈不重可悲也耶

長使英雄漏滿中不獨古諸葛一人而已

嗚呼世間有位有諡無功可記無德可稱者幾人哉

如南金諸人因人濟事錄勳錫爵誇耀於一世

而曾未幾何寥寥無聞焉惟南巖公則不然當時雖無褒崇之美而南中士民至今頌揚

久而不已又得搢紳名流所賞佟之以文極其讚術公之功行益重於世

公之聲名益顯於後是可以百世不朽也古人所爲文字之榮重於爵賞者豈不信者哉

光明之珠沉水不渝天下之理久查必伸安知若公者雖屈於前世而終必大伸於今

日乎

사람이 간직한 덕성은 반드시 드러난다.

위로는 대대로 충신을 표창하여 알리는 것보다 나라에 유익한 것은 없고, 아래로는 의사들을 사당에 배향케 하여 사림의 존경을 받게 하는 것보다 유익한 것이 없다.

추증의 은혜를 베푸는 것은 조정의 미덕이니, 군자라면 숭상할 만한 일을 임금께 보고해야만 한다. 그래서 이렇게 서문을 쓴 것도, 천성에 따른 덕스러움이 아니겠는가? 쇠미해진 남녀의 기운을 보호하여 진작시키는 것도 가히 후세에 권할 만한 일이 아니겠는가?[79]

통훈대부 행홍문관교리 제제교 겸 경연시독관

춘추관기관

행주 기학경 삼가 짓다.

---

79 겸재집에는 이 뒤에 종결문이 남아 있다.

闡揚潛德

固無益於百世以上之忠臣表章盛列必有感於百世以下之義士

俎豆之禮當爲士林之崇奉貤贈之典實爲朝家之美事之君子尙有以登聞而發揮之

此非秉彝好德之人心乎扶樹風聲以振南服衰微之氣而亦可以爲來世之勸也哉

通訓大夫 行弘文館校理

知製敎 兼

經筵侍讀官

春秋館 記注官

幸州 奇學敬 謹撰

10. 본읍 유생 등 본군 태수 서(書)

영암 유생 임소(林蘇) 등, 병인년(1746년) 8월

영암군 선비들이 연명으로 군수에게 제출한 이 소지(所志)의 장두((狀頭, 앞장섬) 임소는 이 책의 첫 번째 글을 쓴 임연의 증손이다. 이 문헌집에 등장하는 나주임씨 임연(林埏), 임우진(林祐鎭), 임소(林蘇) 등 세 분 중에서 임소는 소지를 두 번이나 썼다. 나주 사람으로 기록되어 있던 임연과 달리 임소는 영암에서 거주하였던 것으로 보인다.

전라남도 영암군 시종면 와우리에 있는 나주임씨 장수공파 17세 후손 납골당 표지석, 18세에 양달사의 사장(事狀)을 쓴 임연이 보이고, 21세에 임연의 증손인 임소(林蘇)의 이름이 새겨져 있다. 임봉당과 양달사 의병장의 인연이 누대에 걸쳐 이어지고 있는 셈이다. 이 납골당과 양달사의 생가터인 봉호정과는 불과 5리 정도다.

본읍 유생 등이 영암군수님께 드리는 글

유생 임소 등은 삼가 목욕재계하고 본군 성주(군수)님께 글을 올립니다.

생각건대 신하가 임금을 섬기는 것은 진실로 나라를 위한 것이므로 몸은 상중에 있다 하더라도 적진에 나가 싸우는 것이 충신의 마땅한 본보기가 될 것입니다. 아울러 나라에서는 신하를 대우할 때 공이 있다면 그 공이 오래전 희미하게 된 일이라고 하더라도 반드시 감춰진 사실을 밝혀 포상해야 할 것입니다.

그 경위나 행적에 착오가 있어 그 당시에 보고되지 못하였다거나, 탄미할 만한 일임에도 여러 임금을 거치는 동안 미처 포상을 하지 못하였다거나, 명백한 증거임에도 신뢰하지 못하고 정당한 포상을 하지 않았다면, 백년 동안 공의가 없었더라도 바로잡아야 합니다. 그렇지 않는다면 어떻게 백성에게 선행을 권하고, 백성들이 나서서 적과 마주하고 있는 주상의 분노를 풀어드리겠습니까?

고 해남현감 남암공 양달사는 우리 영암군민으로서, 용력과 지략과 의기와 임금을 섬기는 마음에 있어서는 옛날의 명장다운 풍모가 있었고, 궁마술과 창검술에도 특출하였습니다

本邑儒生等 本郡太守書

幼學林蘇等謹齋沐上書于城主閣下

伏以臣之事君苟利國則雖身在憂服當赴敵而效忠國之待臣果有功則雖事在久遠
必覈案[80]而襃錄

如或咎其緯績之不獻於當日托以於美之未行於列朝而不信其所當證不顯其所當
襃則是百世無公議也其何以勸人之爲善而敵王之所也哉

竊惟故海南縣監梁南巖公達泗本郡人也其勇力智略義氣忠膽[81]有古名將風弓馬創
釖之技特其餘事也

---

80 覈案(핵실) : 사실을 철저히 밝히다.

81 忠膽(충담) : 윗사람이나 임금을 섬기는 참된 마음.

중종 때 무과에 급제하였고, 계속해서 중시에도 합격하여 맨처음 우후를 제수받은 데 이어 진해현감을 역임했습니다. 그 후 해남현감을 제수 받은 지 3년 만[82]에 어머니 상을 당해 고향으로 돌아왔습니다.

이 해는 가정 을묘년, 명조 10년(1555년)으로, 왜구가 대거 바다를 건너 우리 군 달량진으로 상륙하였습니다. 적의 기세는 날로 거세졌고, 전국이 요동칠 정도였습니다.

당시 전라도 병마사 원적은 먼저 패하여 사망했고, 장흥부사 한온도 싸우다가 전사했으며, 우수사 김빈과 진도군수 최린, 강진현감 홍언성은 성을 버리고 도망가거나 진을 비워놓고 달아나거나 혹은 탈출하여 이민을 갔습니다.

영암군수 이덕견은 왜적에게 투항해 버렸고, 광주목사 이희손은 숨어서 병사들을 구하지 않았고, 도원수 이준경은 성이 견고한 금성에서 꿈쩍도 하지 않았습니다. 달량에서 영암성 밖까지 전라도 전 지역이 왜적의 소굴로 변한 것입니다. 거기다 왜적은 영암성 동쪽의 향교에 진을 치고 우리 백성들을 죽이고, 우리 재화를 약탈해 갔습니다.

그럼에도 모든 진영의 수장들이 적을 물리칠 계책을 내지 못하고 있을 때, 양달사는 크게 상심하면서 나라를 걱정하는 마음으로 분노하고 애통해 했습니다. 호남 일대가 흉악한 마수에 사로잡혀 있음에도 하북에서 의롭게 떨치고 일어나는 선비가 없자,[83] 상중이었음에도 전장에 뛰어든 것입니다.

---

82 1553년 당시에는 해남현감 직전이어서 가리포 첨사로 있었던 것으로 보인다(『국역 가리포진』, 2021, 완도문화원, 44쪽).

83 당나라에서 안녹산이 반란을 일으켰을 때 처음에 대적하는 제후들이 없었음을 뜻하며, 나중에야 상산 태수 안고경(顔杲卿) 등이 일어나 대적하였음(『신당서』 권 192, 충의열전).

中廟朝擢武科繼捷重試初拜虞候歷踐鎭海縣監其後又除海南縣監莅職三年丁母喪還鄉

是歲嘉靖乙卯明朝十年也倭寇大擧渡海登陸於本郡地古達梁敵勢充斥[84]擧國騷擾

當是時本道兵馬使元績先爲敗沒長興府使韓蘊之戰死而右水使金贇珍島郡守崔璘康津縣監洪彦誠或棄城而去或空鎭而走或脫身而逃

本郡守李德堅投降於敵光州牧使李希孫擁兵不求都元帥李浚慶堅壁錦城自達梁至郡城有餘之間皆爲犬羊之窟屯聚結陣於城東鄕校虔劉[85]我民庶▲抄掠我財貨

而列鎭之將槩無出奇計却敵者達泗擊傷心忠憤激烈哀湖南一路之罹兇痛河业義士之無一自念身居於喪從戎

84　充斥(충척) : 그득한 것이 펴져서 넓음.

85　虔劉(건유) : 죽이고 도적질함.

비록 전장에 나갈 상황이 아니었습니다만, 이들 왜적이 임금의 우환이었기 때문에, 여막에서 의병의 기치를 들고 나가 사력을 다해 싸웠습니다. 우환이던 왜구를 쓸어내고, 국토를 깨끗하게 한 연후에 다시 여막을 지키면서 끝까지 상례에 따랐으니, 이것이 곧 신하의 직분이었기 때문입니다.

상복 차림으로 말을 몰고 성안으로 들어가서, 여러 부로들에게 계획을 말하기를 "군수가 항복하여 백성들을 일사불란하게 통솔할 수 없으니 나를 좌수로 삼으면, 물리칠 수 있는 전략을 세우겠습니다."라고 하셨습니다.

군민들은 평소 그의 사람됨에 감복하고 있었기 때문에, 그의 말에 호응하면서 좌수로 추대하였습니다. 그리고 양달사는 암암리에 적은 숫자의 군대로 많은 왜구를 토벌할 계획을 세웠습니다. 적의 경계를 느슨하게 하기 위해 기상천외한 전술을 쓰기로 했습니다. 심복 수십 명 중에서 재주 있는 자들을 경내로 모이게 하여 하루 종일 은밀하게 토벌할 수 있는 계략을 일러주었습니다.

먼저, 화랑처럼 꾸민 창우대에게 수를 놓은 알록달록한 비단옷을 입혔습니다. 꽃가지로 장식한 고깔을 쓰게 하고 그들에게 적진 앞에서 온갖 놀이를 펼치게 하자, 성의 동편에서 왜적들이 기뻐 날뛰며 웃어댔습니다.

숨어서 엿보고 있던 양달사는 그 무방비 상태를 노려서 친히 장사들 수백 명을 데리고 향교 뒤편에서 일제히 함성을 지르면서 뛰어나가 적과 격전을 벌였고, 화랑대(창우대)도 옆에서 협공하였고, 성 안에서도 북을 치고 고함을 지르면서 합세하여 5, 6만의 적도를 일시에 참살하였습니다.

雖非其時而是敵也君父之所憂是邦也立墓之所寄義當出死力
以紓國憂掃腥塵以淸我邦然後守吾廬終吾制是亦臣子之職分

遂墨其衰菓[86]其馬馳入城中謨諸扶老曰地主降矣民無統一如以我爲座首則當有所
設施矣

郡人素服其爲人咸曰諾推以爲座首達泗密自劃獲討以爲以少擊衆只在乘其不虞
使敵怠志莫如設技乃令心腹數十人遍行境內招募丁壯聚才人授密討約以可

而先使花郎倡優輩盛服綵繡多立華竿於敵陣臨示處俱張百戲倭人聚見而喜之皆
望城東觀雀躍嬉笑

達泗覘其無備親率壯士數百人從城越鄉校後嶺一齊吶喊衝突奮擊而花郎輩翼而
搏之城中又鼓譟從之五六萬賊徒一時屠殲殆盡

---

86   衰菓(최과) : 상복과 짚으로 만든 수질 요질. 여기에서는 상복 차림을 말함.

비록 완벽한 승리를 거뒀지만, 양공도 역시 창상을 입었고, 말도 피곤해 보여서 잠시 피신해서 쉬고 있을 즈음, 남은 왜구 수백 명이 달사를 발견하고 분풀이를 하고자 칼을 뽑아들고 추격해 왔습니다.

달사는 말을 돌려 서쪽으로 7, 8리를 달리다가 진흙 구덩이에 빠졌으나 즉시 말에서 내려 한 손으로 꼬리를 잡고, 한 손으로 갈기를 잡고 말을 끌어냈습니다. 다시 말을 타려 할 때 왜구들이 거의 붙잡을 듯이 추격해 오다가 진흙 구덩이에 가로막혀 칼을 던졌는데, 말의 다리에 꽂혔습니다.

달사는 몸을 돌려 말을 도와서 왜구를 향해 나아가려다가 말이 이미 칼에 맞았으므로 전투에 쓸 수가 없었습니다.

서호 만호 박천추의 준마를 근래 빌린 적이 있었기에, 박만호를 보자마자 그의 말을 얻어 타고 다시는 돌아오지 않을 각오로 적을 죽인 곳으로 갔습니다. 수백여 왜구가 돌아와 동료들의 시신을 수습하고 있다가 양달사를 발견하고 또 추격해 왔습니다.

양달사는 패한 척 물이 없는 진흙 구덩이로 유인하기 위해, 말에서 내려 재빨리 지나갔습니다. 왜구들은 그것을 알지 못하고 일제히 추격해 오다가 진흙 구덩이에 모두 빠졌습니다. 그때 달사는 다시 몸을 돌려 칼을 휘두르면서 수백의 적을 베었습니다. 검 하나로 모두 참살한 것입니다.

이로써 남녘이 편안해지고 모든 진들도 휴식에 들어갔습니다. 달사가 나라를 지키기 위해 몸을 돌보지 않고 창의하여 적진에 뛰어든 공적은 위대한 충절이었습니다.

達泗雖大獲全勝身亦被創馬亦疲憊慾暫避小憩之際

餘倭數百憤其盡死望見達泗思欲甘心幷力追之

達泗回馬西馳七八里陷於淤泥中卽下馬一手執其尾一手執其鬣拔出慾騎之▲際

追倭幾及阻於淤泥飛釖而適揷於馬脚

達泗回身援之馳馬前進仍念馬旣創矣用武無地

曾見西湖朴萬戶天樞家有駿馬家且近可借騎以遂此隻輪之功遂徃見朴萬戶得其

馬更向殲賊之則所追倭數百已歸其所收聚群屍望見達泗又追之

達泗佯敗而走誘引於無水淤泥之中挾馬輕步閃過其處而去則追倭不知也一齊向

前盡陷於淤泥中達泗復回扶釖芟夷斬伐數百而一釖塵盡

由是南方以寧諸鎭罷兵夫以達泗之所樹立者觀之則其憂國忘身倡義赴賊之大

節也如此

소규모 병사로 많은 적병을 물리친 위대한 전략이 이와 같았습니다. 단신으로 창을 뽑고 홀로 말을 타고 달려가 수많은 적에 맞서는 위대한 용기가 이와 같았고, 쓰러져가는 여러 진들을 혼자서 보전케 한 한없이 위대한 공적도 이와 같았습니다.

그 당시 나라에서 내리는 포상과 봉록이 양공에게만 미치지 못했는데, 이는 양공이 스스로 원수부로 나아가 공적을 보고해 달라고 하는 것은 노비들이나 즐겨하는 부끄러운 일로 여겼기 때문입니다.

그러나 남주역 벽에 쓰인 것을 본 자들은 자신들에게 공적이 없음을 부끄러워하면서, 점점 소문이 나지 않게 하였고, 때문에 조정에서도 그러한 사실을 알지 못했던 것입니다.

달사는 다만 처음 계획한 대로 신속하게 일을 마치고 여막으로 돌아오게 된 것만을 다행으로 여겼습니다. 종신토록 위대한 공적을 자랑하지 않았고 힘들게 지내면서도 부귀를 멀리하였으니, 어찌 진실한 대장부가 아닙니까? 한갓 명예를 추구하는 사람이라면 어찌 이와 같이 할 수 있겠습니까?

달사의 충성심은 뜨겁고 그의 의지는 고결합니다. 성미가 너그럽고 작은 일에 얽매이지 않으며, 단정하고 환하게 빛납니다. 그럼에도 생전에 나라에서 숭상하여 널리 알리거나 은총을 베풀어 추증하는 일이 없었고, 사후에도 이름이 묻힐 지경에 이르렀으니 슬픔을 표현할 길이 없습니다.

出奇紿[87]賊以少擊衆之雄畧也如此單槍匹馬當敵百萬之壯勇如此列鎭風靡獨任無限之偉功也如此

其時褒祿之典獨不及於其身者盖以自詣元帥幕上功要賞爲樂隷人羞恥事

而列鎭之從壁上觀者
恥已之無功寝不以聞
故朝廷莫之知也

達泗惟以快遂初計復歸廬次爲幸而不伐豊功轗軻[88]終身眞所謂富貴不能逺者豈不誠大丈夫哉求之名特其有彷彿於此者乎

其忠也烈其志也潔磊磊落落昭昭昞昞而國家之崇獎寵贈寥寥察察於生前死後將至於名湮▲沒不稱悲

---

87 奇紿(기태) : 기이한 속임수.

88 轗軻(감가) : 길이 험하여 수레로 가기 힘듦. 즉 고생한다는 말로 때를 만나지 못하여 불우한 처지에 있음을 비유함.

당시의 일은 이미 모든 증거로 환하게 드러나 있습니다. 영암군의 향교는 당초 왜적의 둔거지이자 양공이 왜구를 섬멸한 전쟁터로서, 군 유생들이 더러운 피에 더렵혀졌다 하여 성 서쪽으로 향교를 이전[89]하였습니다.

이곳을 지나는 사람들이 서로 아름다운 소문을 전하면서 혹자는 양해남이 왜구와의 전쟁에서 크게 승리한 곳이라 하고, 혹자는 향교터라고 합니다. 지금으로부터 170여 년 전의 일이지만, 이런 소문은 여전히 떠돌고 있습니다.

또 청강집의 시구를 보면, 을묘년 호남왜변 때 평화로운 날이 오래되어 모든 장수들이 기율을 잃었다고 하였습니다. 후세 사람들에게 시를 쓰게 하였으니 이 또한 하나의 시사(詩史)의 하나라고 하였습니다.

그 시를 보면,

> 장흥 사람들은 부모의 상사를 당한 듯하니
> 한공의 정치하는 방책이 어짊을 알겠네.
> 구원을 하지 않았으니 광주 목사의 살점을 씹고 싶고,
> 곧바로 도망간 수사의 몸뚱이는 찢어야 마땅하네.
> 품계가 올라간 이윤은 진정한 장수이지만,
> 자급을 뛰어넘은 변협은 간사한 신하이네.
> 감사는 어째서 계책을 도모하는 데 어두웠으며,
> 방어사는 어찌하여 사람 죽이기를 즐겁게 여겼는가.
> 원수는 부질없이 금성으로 물러나 움츠렸고,
> 절도사는 중도에서 일부러 머뭇거렸네.
> 공적이 있는 양달사는 어디로 가고,
> 의리 없는 유충정이 강진에 부임했네.

---

89 1603년 황정노, 문후소 등이 중심이 되어 이전 신축하였음(영암군지, 1963).

夫當時事請以可證者明之郡之鄉校初爲倭賊所據又經達泗之屠殲戰場郡儒以爲腥塵所染穢骨所瘞卽移聖殿于城西

而珉俗相傳過此地者或稱梁海南戰勝之地或稱以故鄉校基到于今一百七十餘年而不變焉

又見淸江集詩語曰乙卯湖南倭變昇平日久諸將多失律使後人有詩此詩亦一詩史也

其詩曰

長興[90]民若喪考妣
知是韓公政術仁
不捄欲食光牧肉
却走當裂水使身
超資李尹眞丈夫
遷職邊倅乃[91]詐臣
監司奈何昧圖策
防禦胡爲嗜殺人
元帥錦城堅退坐
節度中路故逡巡
有功達泗歸何處
無義忠貞任康津

---

90 장흥부사 한온을 말함.

91 필사본에는 '及'으로 돼 있으며, 『조선왕조실록』 1555년 12월 2일 기사와는 내용이 조금 다르다. 이 시가 적힌 실록을 보면, 사관은 양달사에게 영암을 지킨 공이 있는데, 발탁하지 않았다고 기록했다(梁達泗有靈岩之功而不爲擢用).

성을 버린 홍언성은 당연히 먼저 참형해야 하고,
진을 버린 최린도 그 죄가 똑같네.
국록을 먹을 때는 모두 시동처럼 자리만 지키더니
위험에 처한 오늘에야 진면목이 드러나네.
항복한 영암군수 이덕견은 어떻게 책임질 것이며
원적은 몸을 가볍게 놀렸으니 참으로 한심하구나.
날뛰며 분탕질하는 왜적을 누가 대적하겠는가.
읍과 마을이 불 타고 백성이 곤궁케 되었네.
상벌이 명확하지 않으니 공도가 무너졌고,
실망하여 탄식하는 임금의 수치를 설욕할 길이 없네

라고 돼 있습니다.

청강은 명망 있는 신하로 이제신의 호이며, 양공과 같은 시기의 사람으로 그
의 시집에 이 시가 적혀 있습니다. 어찌 그가 있지 않은 시를 여기에 기록했겠
습니까? 그리고 이 시에서 "공이 있는 달사는 어디로 갔나."라고 말한 것은 단
순히 애석해서가 아니라 큰 공을 세운 양공이 유독 조정의 포상과 복록을 입지
못했기 때문입니다.

그리고 청야전술로 성안에만 있었던 원수 이윤경공을 진정한 장수라고 한
것은 비록 당시의 사정을 몰랐더라도, 그 일이 두루 알려진 것처럼 옳았다고 여
긴 것입니다.

棄城彦誠宜先斬

空鎭崔潾罪惟均

食祿當時具尸位

臨危此日各見眞

德堅乞降何須責

元績輕躁不足眞

橫行倭賊誰能敵

邑里焚燒困生民

賞罰不明公道滅

怊悵君羞雪無因

清江卽國朝名臣李濟臣之號同時人也其所以採錄者豈非有取於此然而此詩意所
謂有功達泗歸何處云者亦非嘆惜伊人身建大功而獨不蒙朝家褒祿也耶

亦惟元帥尹公之堅壁[92]雖不知當時事機之宜如周竝

---

92   堅壁(견벽) : 견벽청야(堅壁淸野)의 준말. 주변에 적이 사용할 만한 군수물자와 식량 등을 없애고 성을
      고수하는 일을 말함. 청야 전술(淸野戰術)이라고도 함.

대저 고사가 이 시와 같고, 야사 중에도 도원수와 그의 형인 전주부윤 이윤경공이 이 전쟁의 진퇴에 있어 우열이 있었던즉, 이 시에서도 상을 준 데 대하여 동일하게 평가한 것으로 보입니다. 청강 이제신공이 시사(詩史)라고 운운하면서 이 시를 읊은 것은 참으로 헛된 소리가 아니었던 것입니다.

여기에 나오는 시구들은 백 년이 지나도 증거로 취할 수 있을 것이며, 정려하고 탄미할 만함에도 어찌 열성조께서는 양달사 장군과 관련해서만 은전을 빠뜨릴 수 있습니까?

생각건대 열성조께서는 나라가 생긴 지 4백여 년 동안 공적이 작다고 하여 포상에서 빠뜨린 적이 없고, 경황이 없어 미처 포상하지 못한 경우에는 찾아서라도 받게 하였습니다. 모두 만족스럽고 유감이 없도록, 충신과 의사에 대한 예우를 지극하게 하셨습니다.

그래서 초야에 묻혀 있다가 억울하게 돌아가신 양공도 차제에 공적이 있는 분으로 수록하여 물결처럼 대대로 알려지도록 하자는 것입니다. 양달사의 경우 모두 밝히지 않더라도 나라를 지킨 네 가지 공신에 가깝다고 말할 수 있습니다.

夫故事然野史中元帥公及其府▲尹公之進退有所優劣於此役則與此詩之與奪同一揆矣淸江公誦之以詩史者信非虛語也

凡此數款足以取證於百世而獨旌美到將軍其不爲聖朝之一欠典乎

恭惟我聖朝四百餘年國朝以來火少闕典之所未遑者悉以修擧無所遺滿而至於忠臣義士

沈淪草野寃鬱泉壤者亦次第以收錄恩波延于揚厲若此類不可殫記雖以一邦四勳[93]近例言之

---

93 靖難·佐翼·翊戴·佐理功臣(정난, 좌익, 익대, 좌리공신)을 말함.

고 문화(현 황해도 신천)현감 임환(林懽[94])은 정유재란 때 의병장으로서 왜교(倭橋)[95]의 전투에서 공훈을 세웠는데, 백여 년 후 영암군 유생들이 조정에 상소를 올려 형조참의에 추증되었습니다.

고 함평현감 전몽성(全夢星[96]) 역시 정유재란 때 100여 명의 의병을 모집하여 노략질하던 왜구들를 사살하고, 자신도 적의 창에 찔려 전사하였는데, 몇 년이 지나서 또 영암군 선비들이 상소를 올려 병조참의로 추증되었습니다.

이런 까닭에 조정에서 포상과 녹봉을 내릴 때는 공적이 있는가 없는가만 물을 뿐, 그 시기가 멀고 오래됨을 따지지 않으니, 줄기차게 권면하여 풍속을 교화할 수 있는 지극한 도리를 어찌 그만둘 수가 있겠습니까? 영암의 의사인 양달사가 을묘왜변에서 왜구를 깨끗이 쓸어낸 공훈과 당시 사적들은 읍지에도 소상히 기재되어 있습니다.

---

94 임환(林懽)은 백호 임제의 동생이다. 1592년(선조 25) 김천일의 종사관으로 영암의 박숭원 등과 함께 임란에 참전한 임란공신(壬亂功臣)이다. 첫 부인은 영암 임호(임구령의 아들)의 딸이고, 재실은 산룡(양응정의 아들)의 딸인 제주양씨이다. 제주양씨는 정유재란 시 가족이 피난을 가다가 갑자기 나주 영산강에서 왜구에게 붙들렸다. 이때 왜적의 장수에게 가족을 보내주면 투항하겠다고 말하여 먼저 가족을 피신시키고 나서 적장을 향하여 나아가다가 영산강에 투신하여 순절하였다. 광산구 박산마을 '3세9정려삼강(三綱)문'에 배향돼 있다.

95 倭橋(왜교) : 순천 망해대(望海臺)의 옛 이름.

96 전몽성의 재실은 양달사의 동생 양달해의 딸로 전몽성의 재실이다. 정유재란 당시 해암포(海巖浦, 현 영암군 학산면 석포) 전투에서 달해의 외아들 우신(遇信)이 몽성을 따라 참전했다가 함께 전사했다(『제주양씨주부공파세포』, 2000, 515쪽).

故文化縣監林懽萬曆丁酉之倭亂以義兵將樹功於倭橋之役而其後百餘年之後郡

儒上言而啓聞于朝以刑曹參議[97]故咸平縣監全夢星亦於丁酉之亂私募近百小壯多

殺鈔倭身死賊鋒而至於經年又因郡儒上言始贈兵曹參議

由是觀朝家之褒祿只問其功與否而不係其年之久遠則何莫非激礪風敎之至道也

哉此達泗以閭巷之義士樹廓清[98]之邊勳當時事蹟昭載邑誌

97　필사본의 '知'를 '議'로 바로잡았다.

98　廓淸(확청) : 깨끗이 정리함.

양달사가 왜구를 물리쳤다는 사실을 알아주는 고관들이 없어 임금님은 그를 발탁하지 못했고, 조정에 들어가 양달사를 현달시킬 수 있는 자손도 없었습니다. 그렇게 수년 동안 조정에 보고하여 양달사가 봉록을 받도록 한 자가 없다 보니, 결국 그 혁혁한 공적이 묻히는 것을 면할 수 없게 된 것입니다.

그래서 뒷날 사정을 알고 억울하게 여기는 선비들의 공의가 날로 격렬해진 것이며, 저희들이 그 행적을 살펴봐도 참으로 영웅의 슬픔이 아닐 수 없었습니다.

근래 조정에서 새롭게 사목(事目[99])을 엄히 장려하거나 폐기하였고, 합하께서는 새롭게 정무에 힘써 교화를 펼치시니, 바라옵건대 우리 영암 지역의 동정을 굽어살피셔서 명종조 이래 계속 공론된 의견을 관찰사님께 보고하여 주시기 바랍니다.

이미 백골만 남은 양공의 영혼에 포상의 은혜가 크게 내린다면, 보고 듣는 사람이 모두 고무되어 나라를 떠받치는 기둥이 되어 죽으려고 할 것이니, 이것이 어찌 작은 은총이라고 하겠습니까? 다시 간절히 태수님께 탄원서를 올리오니 받아주시고 채택하여 시행하여 주시기 바랍니다.

병인년(1746년) 8월 일

99 　事目(사목) : 공사(公事)에 관하여 정한 관청의 규정이나 규칙.

世無知己之宰執而甄拔[100]之後乏立朝于子孫而顯揚之以過累世無綠上聞終未免爀

爀其功泯泯而

後己士情燜鬱公議愈激撫跡扼捥未嘗不英雄之淚也

近間朝家之新頒事目勑修廢[101]閣下之承疏新政務在宣▲化敢以一鄉之輿情仰控於

明政之下採此公議報于營門

俾令旣骨之忠魂獲沾褒寵之恩波則瞻聆聳動咸欲死長夫豈曰小補也哉更乞閣下

領納采施焉

丙寅 八月 日

100 甄拔(견발) : 재능 여부를 잘 살펴 등용함.

101 修廢(수폐) : 장려와 폐기.

11. 본읍 유생 임소 등 상순상서

영암 유생 임소 등, 정유년(1777년) 2월

이것은 임소 등 영암군 유생들이 군수에 이어, 관찰사에게 직접 쓴 탄원서다. 앞에 쓴 것과 같은 해의 것으로, 영암군을 통해 관찰사에게 다시 써서 보고한 소지(所志)로 보인다.

본읍 유생 등이 상순(관찰사)에게 드리는 글

순상합하![102]

세상에서 영원히 사라지지 않을 위대한 업적은 사람들의 마음을 아름답게

하고, 퇴폐적인 습속에 젖은 사람들을 감동시킵니다. 하지만, 그처럼 위대한 업

적이 해가 갈수록 오히려 사라지고 있으니 얼마나 개탄스럽고 애석한 일입니

까? 퇴폐적인 풍속에 젖어 그 위대한 업적을 잃게 되었으니, 어찌 후손들에게

충절의 도리를 권하고, 충신의 의로움을 권장할 수 있겠습니까?

옛날, 본군 양달사 의병장의 국가에 대한 충의와 왜적을 섬멸한 지용(智勇)

은 역사적인 인물들 중에서도 윗자리를 차지할 것입니다만, 포상을 내리고 등

용하는 데 있어서만은 역사적 인물들 중 가장 낮은 자리를 차지하고 있습니다.

이것은 영암군의 수치일 뿐만 아니라 온 세상 사람들이 모두 안타깝게 여기

는 것입니다. 그래서 우리 향인들은 임금께 보고하여 주시기를 바라면서, 사전

에 상순합하님께 이렇게 요청하는 것입니다.

---

102   巡相閤下(순상합하) : 조선시대 관찰사는 영주(營主), 감사(監司), 도백(道伯), 번신(藩臣), 방백(方伯),
      순상(巡相), 외헌(外憲), 순찰사(巡察使), 영문선생(營門先生) 등으로 불렸다.

本邑儒生 林蘇等 上巡相書

巡相閣下

伏以世有不朽之偉績豔服乎人心聳動乎頹俗者而事有歷年之況晦慨惜乎

人心湮沒于頹俗者豈其獎節之道而表忠之義歟

在昔本郡梁達泗爲國之忠義殲賊之智勇奪乎百年之上而褒賞之典旌表之擧泯乎
百年之下

則不但一郡之所羞而抑亦擧世之共惜者也鄉人圖以上聞先籲公庭者

이것은 비단 오늘만이 아니고, 이번만도 아닙니다. 매일처럼 뵙고자 하였으나 저지당했고, 잠시라도 보고를 드리고자 하였으나, 이루지 못했습니다.

감히 소생들이 들은 바를 말씀드리자면, 양달사 의병장께서는 나라를 위하여 충성하고 용력을 다 쏟으신 분으로, 양달사 의병장이 왜구를 섬멸한 자취들을 보시면 잘 아실 것입니다. 조목별로 모두 보고드리니, 합하께서 채납하여 주시기 바랍니다.

양달사공의 절륜한 지략과 용기는 위나라 종육(鍾毓[103])이 나라를 위해 목숨을 바친 충성심과 같고, 그것이 바로 양달사 의병장이 쌓은 공적의 본질입니다.

중종 때 무과에 급제하였고, 중시에서도 좋은 성적을 거두어 성환찰방을 역임했고, 변방 수령으로 해남현감이 되었을 때는 어머니 상을 당해서 고향으로 돌아와 있었습니다.

가정 을묘년(1555년) 명종 10년이던 이때, 왜구가 대거 본 군의 옛 달량진에 상륙하였습니다. 적세가 날로 급박해져 여러 진영의 수령들은 싸우다 전사하였습니다. 밤낮없이 전라도의 병영, 우수영 및 장흥부와 진도군, 강진현, 광주목 등이 모두 함락되었다고 보고되었습니다.

본 군에 이른 왜구는 더욱 극랄해져 살육을 일삼았습니다. 성곽이 함락당한 달량진에서부터 본군 읍성까지 100여 리가 왜구들에게 남김없이 분탕질당했습니다. 흉맹한 기세로 성의 동쪽에 있는 향교에 주둔한 왜구는 살인과 약탈을 자행했습니다.

---

103 삼국시대 위나라의 문관으로 종요의 아들이다. 228년에 제갈공명이 기산으로 진군했을 때 조조의 손자 조예가 직접 나서려고 하자 종육은 다음과 같은 말로 조예를 말린다. "책략이라고 하는 것은 직접 전투를 하지 않고 조정에서 세운 계략만으로도 승리하는 것을 귀중하게 여기며, 전공은 장막에서 세우는 것을 숭상합니다."라고 하였듯이 양달사가 현장에서 세운 전공이 귀중하다는 것을 의미함.

非今斯今而言每見阻聽輒不慨

生等敢以所共聞梁達泗之爲國之忠勇所

其見梁達泗殲賊之遺躅枚舉条陳伏惟閤下採納焉

蓋梁公達泗絶倫之智勇卽其所鍾毓也殉國之忠義卽其素蓄積也

中廟朝擢武科繼捷重試歷誠邊倅以海南縣監丁母又還鄉

是歲卽嘉靖乙卯明廟十年也倭寇大舉登陸於本郡古達梁賊勢充斥敗▲沒之藩鎮

戰亡之守令朝夕報本道兵營右水營及長興府珍島郡康津縣光州牧等地盡爲陷沒

而至於本郡尤極屠殲城廓失險自古達梁至郡城百餘之間靡蕩無餘

而凶鋒屯據於城東鄉校恣行殺掠

마침 상중에 있던 양달사 의병장은 임금과 부모는 일체라는 의로운 생각으로, 상중이었음에도 백성들이 화를 당하고 있는 것을 염려하여, 죽음을 무릅쓰고 전장에 나가 대란을 평정하였습니다. 임금과 부모의 은혜에 보답하고 나서도 여묘살이로 상례를 준수하여 신하와 자식된 자의 직분을 다하였습니다.

상복 차림으로 말을 채찍질(策)하여 성으로 들어가, 부로들에게 계획을 말하기를 "읍민들이 하나로 통일되지 않으면 성을 지킬 수가 없으니 마땅히 □[104]을 가진 사람을 좌수로 삼으시오."라고 하였습니다. 본래 양달사의 충성스러움과 용기를 알고 있던 군민들은 모두 좌수가 되어 달라고 추대하였고, 그러자 양달사 의병장은 부로들에게 적은 병사로 대군을 치기 위해서는 불의의 계책으로 놈들이 태만한 틈을 노려야 한다고 말했습니다.

먼저, 화랑처럼 꾸민 배우들과 악공들에게, 적진과 가까운 곳에서 희극을 벌이게 하였습니다. 꽃으로 장식한 족두리를 쓰고, 채색옷을 입은 자들이 굿판에 출현하자, 왜놈들이 크게 기뻐하면서 앞다퉈 모여들었습니다. 성의 동쪽으로 새 떼처럼 모여들어 구경하는 자가 십만여 명이었으며, 경계심이 없이 환호작약하였습니다.

힘이 센 장정 수백명을 데리고 성의 북쪽인 향교 고개 너머에 숨어 있던 양달사는, 놈들의 경계가 느슨해진 틈을 노려 함성을 지르면서 돌격을 했습니다. 화랑배도 옆에서 분노에 찬 공격을 하였고, 성중의 사람들도 덩달아 북을 치고 고함을 치면서 오륙 만의 적도를 일시에 베어 버렸습니다.

---

104 오자(誤字)나 오기(誤記)로 보인다.

梁達泗時在衰服之中念君親一體之義哀生民殘礫之禍意謂出死力靖大亂報君父然後守吾廬執吾禮終吾身者是臣子之職分

遂墨其衣策其馬馳入城中謀諸父老曰城旣不守邑無統一如以爲座首當有所持□矣郡人素知忠勇咸曰諸推以爲座首則梁達泗以爲以少擊衆其宜出其不意宜乘其懈怠

先使花郎侏儒[105]優倡樂技設戲於敵陣近處而華竿簇立綵服耀照則倭徒驚喜爭之城東觀者十萬數訏以鳥聚雀躍略無所備

梁達泗與壯士數百人從城北越鄕校後嶺一齊咽喊衝突奮擊花郎輩翼而擊之城中人鼓噪從之五六萬敵徒一時芟夷

---

105 侏儒(주유) : 옛날 궁중 배우.

양달사 자신도 수십 군데 부상을 입었으나, 상처를 숨긴 채 창을 들고 남은 왜구와 맞섰습니다. 말을 몰고 추격을 하면서, 힘이 비슷하여 싸우다 퇴각하기를 7, 8리쯤 하였을 때 진흙 구덩이에 말이 빠지고 말았습니다. 하지만 천성적으로 용감하고 날랜 양달사는 한 손으로 말꼬리를 잡고, 한손으로는 갈기를 잡고 말을 끌어냈습니다. 다시 말을 타려 할 때, 왜구가 칼을 던졌습니다. 그는 껑충 뛰어 가까스로 피했지만, 말의 다리에 적중하여 전투에 더 이상 쓸 수가 없었습니다.

죽음은 면했지만, 이대로 끝낼 수가 없었습니다. 일찍이 성의 서쪽 10리에 있는 만호 박천추의 집에 명마가 있음을 알고 있던 달사는 즉시 가서 말을 빌려 타고, 다시 적진으로 달려갔고, 막 동료의 시신을 수습하려던 적도들이 달사를 발견하고 악을 쓰면서 일제히 추격해 왔습니다.

양달사는 패한 척 도망가다가 물이 없는 진흙구덩이에서 말을 내려 가볍게 통과하였고, 일제히 함성을 지르며 뒤쫓아오던 왜구들은 진흙 구덩이에 빠졌습니다.

양달사는 다시 몸을 돌려, 검을 빼서 수백의 왜구를 한꺼번에 섬멸하여 적의 기세를 크게 꺾었습니다. 여러 진들에서도 전쟁을 끝내면서 남쪽 땅 수백 리 백성들이 어육이 되는 것을 면했으니, 이것이 누구의 힘이겠습니까?

상복 차림으로 적진으로 뛰어들었으니 얼마나 충성스럽습니까. 적은 병력으로 많은 적을 물리쳤으니 얼마나 용감합니까. 필마로 창을 뽑아들고 적진으로 돌진하였으니 얼마나 장부답습니까. 이것은 소생들이 모두 들어서 알게 된 양달사 장군의 충성심과 열혈지사의 모습입니다.

梁達泗身亦被數十創然而裹創挺出之陷鋒餘倭騎併力逐之且戰且退於七八里之
間跌滔淤泥中而本以勇悍之人一手執馬尾一手執其鬣拔出欲騎之時倭劍飛下適
中馬脚跳身僅避用▲武無地

而死緩¹⁰⁶之心猶未已也
曾於郡城西十里朴萬戶天樞家見其健馬卽往借騎更向賊所則賊徒方收聚群屍望
見達泗而大叫朋逐

梁達泗佯敗走於無水淤泥中挾馬輕步閃過而去倭徒一齊囁後盡陷於淤泥中

梁達泗復回身復拔劍殺數百倭徒一揮而麈屻賊氣大挫諸鎭罷兵耐之南數百里免
得魚肉者伊誰之力也

墨衰赴敵何其忠也
以少擊衆何其壯也匹馬單槍何其男也
此則生等共聞知之忠烈也

106　死緩(사완) : 죽음을 면함.

군의 향교에서 왜구들이 도륙된 후 더러운 피로 더럽혀지고, 놈들의 유골이 묻힌 곳이라 해서 성의 서쪽으로 향교를 옮긴 지 수백 년이 지났습니다.

향교 터를 지나가는 사람들은 탄식하면서 "여기는 양해남이 왜적을 섬멸한 곳이다."라고 말하고, 저수지의 진흙 구덩이를 가리키면서 "여기는 양해남이 왜적을 묻은 구덩이다"라고 합니다.

또 그 사실은 당시 명신(名臣)인 청강 이제신의 청강집의 시화에 분명하고 상세하게 드러나 있습니다. 남주역 벽에 기록돼 있었다고 쓴 이청강의 시 중 "공이 있는 달사는 어디로 갔나, 상벌이 명확하지 못하니 공도가 사라졌다"라는 시구가 있습니다. 지난 날 진흙 구덩이나 향교터에서 싸운 이야기가 이 시에 기록돼 있고, 이 시구는 이미 모든 사람의 입에 오르내리고 있으며, 읍지에도 분명하게 기록돼 있습니다. 이것이 소생들이 보고 알게 된 양달사 의병장께서 남긴 업적입니다.

아. 상중에 창의(倡義) 격문을 돌리고 출전하여 공적을 세웠음에도 아무런 포전이나 봉록을 받지 못한 것은 애초에 양달사가 자신의 공적을 자랑하지 않고 여막으로 돌아갔기 때문이라고 합니다. 하지만 그러다 보니 세상에서는 공도가 사라졌고, 양달사의 공적은 묻혀 버렸으며, 자손들마저도 극히 잔약하게 되었습니다.

까닭 없이 고위직에 계신 분들이 양달사의 도움을 배반하고 숨긴 지도 벌써 많은 세월이 지났습니다. 지금까지도 양달사가 공적을 세운 일을 저렇듯 임금 님께 보고하지 않아 묻혀 있으니, 우리들은 가슴이 터질 듯 답답하고 뜻 있는 선비들은 탄식해 마지않습니다.

郡之鄉校自倭徒屠戮之後爲腥血所汚穢骨所瘞至移建聖廟於城西至今數百年來
於焉

過之者指校墟而咨嗟曰此梁海南殲敵處也指淤泥而感歎曰此梁海南達泗殲賊之
處也

又其斑斑事實詳見於當時名臣李濟臣淸江集詩話其所錄驛壁詩句中有曰有功達
泗歸何處又曰賞罰不明公道滅

噫向之淤泥及校墟此之詩誃與詩句已是萬口之豐碑而邑誌所載亦昭昭可徵此生
等所共見知之遺躅也

噫梁達泗之獨不蒙褒祿之典者蓋以其激義起復樹績返初身自不伐世乏公道泯黑
沒地之後子孫仍又微殘

宰執無由板援奄過▲累歲迄未上聞樹立如彼而淪沒至今羣情之抑塞志士之嘅惜
烏可已

지금 순상합하께서 백성들의 의견을 살펴 풍속을 교화하는 덕을 펼치심에 있어, 이보다 급한 일이 어디 있겠습니까?

우리 조정에서는 오랫동안 크고 작은 포전에서 빠져 미처 등용하지 못한 충신 지사들과 초야에서 묻혀 원망하다가 돌아가신 분들이 훈록에 수록되지 않는 일이 없도록 노력하고 있으며, 우리 군에서도 그런 경우를 목도할 수가 있습니다.

고 문화현감 임환은 정유재란 때 왜군과의 왜교 전투에서 수훈을 세웠는데. 근자에 고향 유림들이 임금께 상소한 장계를 보고 조정에서 형조참의로 추증하였습니다. 고 함평현감 전몽성도 정유재란 때 적진으로 달려가 순절하였는데, 역시 고향 유생들이 상소를 올려 병조참의로 추증되었습니다.

이것을 보면, 조정에서 포전을 내리는 것은 단지 공이 있는지 없는지 여부만 볼 뿐이지, 그 연대가 멀고 가까운 것은 구애받지 않습니다. 그런데 어찌 양달사의 공적은 몹시 다급함에도 오래되었다는 이유로 임금님께 보고 올리기를 서두르지 않는 것입니까?

그래서 소생들은 감히 고향 사람들과 하나가 되어 억울하고 답답한 심정으로 명종 임금 때의 일을 보고드리니, 이 탄원서를 채납하시어 임금님께 보고하여 주시기를 바라옵니다.

그리하여 성상께서 양달사의 충혼을 아시고 포상의 은전을 내려주신다면, 많은 사람들이 감동하면서 양달사의 의로운 죽음과 업적을 알게 될 것이니, 어찌 이게 작은 도움이라 하겠습니까?

다시 엎드려 바라옵건대, 합하께서는 마음을 기울여 들어 주시기 바랍니다.

今當巡相國閤下觀察宣化之可採察物議裨補風教孰有先於此乎

恭惟我聖廟累有年來大小闕典之所未遑者悉以修擧忠臣義士之沉沒草野寃結泉壤者莫不收錄雖以本郡所覩記言之

故文化縣監林懽於丁酉之亂樹勳於倭橋而近以鄉儒上言啓聞于朝追贈刑曹參議故咸平縣監全夢星亦於丁酉之亂赴敵死節而又以鄉儒上言追贈兵曹參議

由是觀之朝家襃錄之典只問其有功無功不拘其年代遠近豈可以梁達泗之事指謂久遠而不汲汲於上聞乎

生等茲敢以擧一鄉悶鬱輿情仰控於明政之下伏望採此公議轉以上聞俾令梁達泗之忠魂獲沾襃寵之恩瞻聆聳動咸知死長夫豈曰小補也哉更伏之閤下留神聽焉

제사[107]에 말씀하시길,

"이 청원의 전말을 잘 알고 있으니 마땅히 예전의 전적에 따라 처리할 것임."

정유년(1777년) 2월 일

---

107 제사(題辭), 혹은 데김이라고도 하며, 관부에서 소지(所志)에 내린 판결이나 처결, 명령을 뜻함.

題辭曰

　　　所請如此未頭當者古蹟而處之事

　　　　丁酉 二月 日

12. 도내 유생 상순상서

나주 유생 오시유 등, 경자년(1780년) 9월

이것은 나주 유생 오시유[108]가 장두(狀頭)가 되어 도내 41개 군현에서 유생 444명이 관찰사에게 직접 쓴 탄원서다. 나주는 진사 오시유 등 44명, 전주 송복휴 등 19명, 광주 유학 김언섭 등 37명, 남원 진사 최은현 등 16명, 영암 진사 김철 등 103명, 창평 진사 정길 등 17명, 남평 생원 홍봉주 등 17명, 화순 조동필 등 12명, 함평 안석윤 등 7명, 장성 진사 박봉창 등 14명, 무안 오순원 등 11명, 장흥 위백규 등 11명, 영광 생원 오광원 등 10명, 순천 조현하 등 6명, 보성 박수혁 등 9명, 태인 송석기 등 9명 강진 윤덕심 등 8명, 해남 민백종 등 11명, 능주 안창헌 등 6명, 곡성 유동준 등 6명, 담양 박시원 등 6명, 동복 이응렬 등 5명, 순창 설경홍 등 5명, 무장 이여인 등 5명, 고창 강영 등 5명, 흥덕 신사택 등 4명, 정읍 유문득 등 3명, 임피 황구하 등 3명, 옥구 이성복 등 3명, 김제 이성덕 등 4명, 익산 유택배 등 5명, 만경 유현두 등 3명, 구례 오상현 등 3명, 광양 서윤택 등 3명, 낙안 김필 등 3명, 고부 최윤신 등 3명, 부안 이세담 등 3명, 홍양 신치권 등 5명으로 총 41개 군현에서 444명이 등장에 참여했다. 영암군 역사상 가장 많은 사람의 연명 탄원서다.

---

108 1708년생, 고려 태조 장인 오다련(嗚多憐)이 속한 나주오씨로 52세인 1759년(영조 35년) 3월 12일에 진사에 입격하였다. 당시 시험관으로 앞에 양달사의 전(傳)을 쓴 이기경이 호조참의로 시험관을 했다. 문과 급제는 하지 못했으나 나주오씨 중 상당히 명망이 있었다. (한국역대인물정보시스템(http://people.aks.ac.kr/) 참조.

도내유생이 관찰사님께 올리는 글

순상합하님.

환란을 당했을 때 떨치고 일어난 의사와 열사의 충성심을 표창하고 노고에 보답하려고 힘쓰는 것은 국가의 의무입니다.

진실로 포상할 만한 충성스러운 신하가 있었다면 어찌 겸손하게 물러났다고 해서 포상의 은전을 빠뜨릴 수가 있겠습니까?

진실로 정당하게 보상할 만한 공적이 있다면 어찌 그 일이 오래되고 관심에서 멀어졌다고 해서 그 숭상하고 권장해야 할 법도에 인색할 수가 있습니까?

소생들이 생각하기로, 고 해남현감이었던 양달사공이 을묘년에 왜구를 섬멸했던 일은 위대한 공적과 빛나는 충성심과 의로운 용기에 있어서, 고금에 드물고 역사서에서도 보기 힘든 일입니다.

그럼에도 애초에 그가 겸손하게 물러났다는 이유로 그분만을 끝내 포상의 은전에서 빠뜨려 버렸고, 오래되고 관심에서 멀어지면서 그의 공적을 숭상하고 상찬하는 것에도 인색해졌습니다.

이에 남도 선비들은 이 넓은 천지에서 유감스러운 마음을 억누를 수 없어 전후 사정을 밝혀서 요구하는 것이니, 번거롭더라도 내치지 말아 주셨으면 합니다.

당시의 사적은 이미 영암의 많은 선비들이 보고해 드렸었고, 영암군수 문록을 통해서도 이미 합하께서 자세히 보셨을 것인즉 소생들이 다시 중언부언 말씀드릴 필요는 없을 것입니다.

다만 본읍에서 보고문서를 올리고 여러 해 동안 설명을 드렸음에도 아직까지 양달사공이 포상의 은전을 입지 못해 염려스럽습니다.

道內儒生 上巡相書

巡相閣下

伏以臨亂奮義烈士之所勉褒忠酬勳國家之所務苟有褒可之▲忠則豈可以人之
謙退而輒闕其褒賞之典乎

苟有當酬之功則豈可以其事之久遠而遂靳其崇奬之道乎

生等竊伏念故海南縣監梁公達泗乙卯殲倭之事其偉功壯烈忠膽義勇儘古今之所
罕有史牒之所罕覯

而始以其謙退而獨漏於褒典終又以久遠而尙靳其崇賞

此南鄉之士不能無感於天地之大而前後陳籲不嫌其煩瀆者也

其時事績已悉於靈巖多士上書及本郡太守文牒中已經閣下之洞覽則生等不必更
爲架疊之說

而第念本邑之呈書文報亦說經年尙未蒙崇褒之典

소생들은 모르겠습니다. 합하께서 혹시 이 일이 오래되고 사람들의 관심에서 멀어진 일이기 때문에 임금께 아뢰기가 어려운 것인지, 아니면 양공에게 포전을 내려달라는 것이 우리 고장의 말로만 여기시는 것인지, 이도 아니라면 이 일이 합하께서 친한 분들에게 영향을 미칠까 봐서 채시하지 못하시는 것인지를요.

양달사공이 엄청난 기세의 왜구를 섬멸하여 어란지화[109]를 막은 것은 영암 고을을 편안하게 지켰을 뿐만 아니라, 실은 호남 전체를 지킨 것이라고 말할 수 있습니다.

그러나 포상을 받을 만한 충성심이 오래되었다고 해서 포상을 받지 못하고, 당연히 보상했어야 할 공적이 오래되었다고 해서 상을 내리지 않는다면 이것은 신출귀몰한 전략으로 승리한 위대한 공적을 퇴색시키는 것입니다. 이대로 세월이 더 지나가면 이 일은 영암군 한 고장의 불행일 뿐만 아니라, 실로 전라도 전체의 불행이 될 것입니다.

그러므로 소생들은 우리 도민의 공의를 모으고 다시 그 대강을 취합하여 합하께 간청하는 것이니, 바라건대 합하께서는 다시한번 채납하여 더욱 자세히 살펴주시기 바랍니다.

양공은 영암인으로 평소 충성심과 효성이 뛰어났었고, 용력과 담력 또한 고대 장군다운 풍모를 지니고 있었습니다. 중앙과 지방의 관직을 역임하면서 모든 점에서 공적과 명성이 있었습니다.

어머니 상을 당해 해남현감직을 그만두고 여막살이를 하고 있던 가정 을묘년(1555년)에 왜구가 대거 본군 옛 달량진에 침입하였는데, 연이어 변방 진들을 함락하면서 그 세력이 매우 거세어졌습니다.

---

109 魚爛之禍(어란지화) : 물고기가 안에서부터 썩어간다는 뜻으로 나라가 안에서부터 무너지는 것을 의미함.

生等未敢知閣下亦或以久遠而難於上聞耶抑以其一鄕之言或涉阿好[110]而未蒙採施也

夫梁公之殲倭能勦其方張之勢以絶其魚爛之禍則此不但爲靈巖一邑之幸宲爲湖南一路之幸

而其可褒之忠久而未褒當酬之功久而不酬特使奇偉之蹟熙眛於百年之後則此不但爲一邑之不幸宲爲一道之不幸

故生等採一道公議復攄其槩敢此齊籲伏乞閣下更加詳納焉

盖梁公靈巖人也素有忠孝大節而勇力膽略又有古名將風歷職內外俱有聲績

後以海南縣▲監丁母憂守制于家居嘉靖乙卯倭寇大入於本郡古達梁鎮連陷邊郡勢甚鴟張

---

110 阿好(아호) : 친(親)한 사람을 존경하고 따름.

병사 원적은 선봉으로 나갔다가 패하여 순국했고, 영암군수 이덕견은 적에게 투항하였습니다. 이때에 나라는 물이 끓듯 소란하였고, 전라도가 흙더미가 붕괴되듯이 함락당했고, 영암은 요충지로서 적들에게 가장 큰 피해를 당했습니다.

왜장은 향교에 진을 치고 닥치는 대로 약탈과 살인을 자행하면서 수시로 북으로 치달을 기세였습니다. 그때 상복을 입고 집에 있던 양공은 개연하게 탄식하면서 "임금과 부모는 하나다. 의로써 전쟁터에 나가 사력을 다해 싸워서 나라를 평안하게 하고, 그런 후에 돌아와서 시묘살이를 마치는 것이 신하된 자의 당연한 도리다."라고 말했습니다.

그리고는 상복 차림으로 성안으로 들어가 부로들을 모아놓고 말하기를, "지금 군수가 없는 성안에서 누가 명령을 내려 적을 막을 것입니까? 만약 나를 좌수로 삼는다면 적을 격파할 계획이 있습니다."고 하였습니다.

군민들이 마침내 그를 좌수로 추대하니, 좌수가 된 양공은 "작은 군대로 큰 적을 막는 데는 신출귀몰한 전략으로 허점을 노리는 것만한 것이 없습니다."라고 말하였습니다.

장정들을 모집한 후, 은밀히 전략을 알려주었습니다. 화랑처럼 얼룩덜룩한 옷에다 화초로 장식한 모자를 쓰게 하고, 적진 앞에서 온갖 희극을 펼치게 하였습니다. 그것을 본 적들이 과연 웃고 떠들면서 크게 즐거워했습니다.

왜구가 무방비 상태가 되는 것을 노리고 있던 양공은 친히 의병대 수백 명을 이끌고 향교 뒷산에서 내려와 일제히 함성을 지르면서 공격을 퍼부었습니다. 화랑대도 측면에서 공격을 하였고, 성중에서도 북을 치고 고함치며 공격을 하여 수많은 적도를 일시에 섬멸하였습니다.

兵使元籍先敗而歿本郡守李德堅投降於賊當是時舉國鼎沸一路土崩而本邑爲賊
衝要被衂最劇

倭酋屯據鄉校大肆殺掠有長驅北上之勢
梁公方時持服在家慨然而嘆曰君親一體也義當出死力以紓國然後還舉吾廬終吾
制是亦臣子之職分
遂墨縗入城諸父老曰空城之中今無將領何以禦賊如以我爲座首當有破賊之術矣

郡人遂推以服爲座首梁公以爲少擊眾莫如乘虛出奇

募丁壯密授方略先使花郎穿綵服簇花竿俱張百戲於賊陣臨視處賊徒見而喜之雀
躍喧笑

梁公覘其無備親率壯士數百人從鄉校後峴一齊吶喊奮力掩擊而花郎翼而搏之城
中鼓噪從之數萬賊徒一時屠殲

165

양공 역시 수십 군데 부상을 입었기 때문에, 병사들을 수습하여 잠시 쉬고 있자, 남아 있던 적도 수백 명이 분노에 찬 소리를 지르며 몰려왔습니다. 양공이 싸우다가 퇴각하기를 반복하던 중 적들이 칼을 날려 공격해 왔습니다.

양공은 날렵하게 몸을 피하였으나 칼날이 말에 적중하였습니다. 급히 성중으로 돌아와 만호 박천추의 말을 빌려 타고 다시 왜적들에게 향한즉, 이를 본 왜적들이 욕을 퍼부으며 추격해 왔습니다.

양공은 패한 척 물기가 없는 진흙 구덩이로 유인했다가 (적들이 그곳에 빠지자 양공은 몸을 돌려) 일검으로 모두 죽였습니다. 이 무렵 인근에서 약탈을 하고 있던 왜구들도 모두 궤멸되다는 소문이었고, 원수와 방어사의 병사들도 잇달아 도착하여 왜구를 없애는 공적을 이루었습니다.

왜구가 출몰한 이래 을묘대첩과 같은 승리는 아직 없었습니다. 만약 양공이 먼저 그 예봉을 꺾지 않았다면, 비록 재상 이윤경의 뛰어난 계책과 남치근 방어사의 위대한 책략이 있었다고 해도 어찌 완벽한 승리를 이루었겠으며, 왜구들의 범선들을 돌아가지 못하게 했겠습니까?

그러나 을묘년의 대첩을 사람들이 남치근과 이윤경의 공이라 말하면서, 양달사공은 요구하지 않았다고 하여 포상의 은전에서 누락시켰고, 관직의 이증(貤贈, 추증)도 없었습니다.

"상중에 전쟁에 나간 것이 임금의 명에 의한 것이 아니고, 왜구를 죽이고 나라가 평화로워지기를 바라서인데, 숙원을 이뤘으니 어찌 공을 자랑할 것인가"라고 양공께서 말씀하셨기 때문입니다.

梁公亦被數十創收兵持憩餘倭數百乘憤趉來

梁公且戰且退追倭忽飛釰擊之

梁公跳身僅避而馬中其釰矣遂還城中借馬於朴萬戶天樞更向賊倭奴望見之又叫罵而追之

公佯敗而走誘引於▲無水淤泥處☑擊一劍盡塵於是倭奴之寇掠旁近者聞風皆潰而元帥及防禦兵繼至遂成勦滅之功

蓋有倭寇以來未有若乙卯之捷而苟非梁公之先挫其銳則雖有李相之英策南帥之雄畧何以辦全勝之功使其氣片帆不返哉

然而乙卯之捷世皆謂南李之功而梁公不豫焉褒賞之典旣漏於當時貤贈之袟又曠於後世者

梁公之意盖曰起復從戎旣非君命劇寇旣剪吾邦幸莫則宿願已副安用伐勞

여막으로 돌아와서도 전처럼 상례를 지키고는, 끝내 왜구를 섬멸한 공적을 말하지 않았습니다. 양공이 겸손하게 물러나 공적을 자랑하지 않은 이런 풍모야말로 고귀하고 가히 으뜸이었다는 것을 알 수 있지 않습니까?

아쉽게도 원수부에서 그의 공을 임금께 보고하지 않았고, 그러다 보니 그의 노고조차도 기록되어 있지 않은 것입니다. 더군다나 왜란이 평정된 후에는 양공이 갑자기 죽고 자손이 계속해서 쇠락하기를 거듭하니, 그 위대한 공훈과 장렬한 행적도 드러나지 않게 된 것입니다.

하여 전라도 선비들과 백성들은 양공의 공적과 그의 충렬을 우러러보면서 남도 사람들의 공의(公議)가 상부에 보고되지 못한 일을 늘 개탄하고 있습니다. 그래서 기필코 그분의 의로움을 표창하고 충성심을 현창해서 묻혀 버린 양달사의 공적을 만천하에 드러내고 싶은 것입니다.

합하께서 만약 그 시대의 일이 사람들의 관심으로부터 멀어졌고, 그 증거가 없다고 하신다면 저희들이 남아 있는 사적을 증거로 보여드리겠습니다. 본군 향교는 예전에 성의 동문 밖에 있었고, 그 터가 지금도 완연히 남아 있습니다.

때문에 지금도 초동이며 목동들이 그곳을 가리키면서, "이곳은 양해남이 왜적을 물리친 곳이다"라고 말하고, 성문 밖 방죽의 진흙 구덩이를 가리키면서는 "이곳은 양해남이 왜구를 유인하여 죽인 곳이다"라고 말하고 있으니, 이 유적들이 가히 증거가 아니겠는지요?

遂卽還廬守制如故而終不言殲倭之功其謙退不伐風可謂高於一等矣惜悟乎幕府不上其功朝家不記其勞而

又其平倭後數年梁公遽沒子孫仍又零替使其偉功壯烈泯沒而不闡

此南中士人所以想其功慕其烈未嘗不慨然於公議之不伸而必欲彰其義顯其忠以闡其特泯之蹟者也

閣下若謂其世代旣遠事無可擧則生等請以遺事蹟證之本郡鄉校舊在城東門外而其遺址宛然

故至今樵牧指點而語曰此梁海南殲倭處也指淤泥而語曰此梁海南誘倭處也此非遺蹟之可證者乎

또 문서로 남은 사적을 증거로 든다면, 일찍이 이청강 시화 중 남주역 벽에 쓰여 있었다는 시가 있습니다. 거기 서문에서 이르기를 "을묘년 호남왜변 때, 평화로운 날이 오래되어 모든 장수들이 기율을 잃었으니 이 또한 시사(詩史)의 하나다."라고 했습니다.

시는 이렇습니다.

> 장흥 사람들은 부모의 상사를 당한 듯하니
> 한공의 정치하는 방책이 어짊을 알겠네.

라고 했습니다. 또 써 있기를,

> 품계가 올라간 이윤은 진정한 장부인데,
> 공이 있는 양달사는 어디로 갔는가

라고 하면서,

> 상벌이 명확하지 않아 공도가 무너졌으니
> 탄식하는 임금님의 원수를 설욕할 길 없네

라고 하였습니다.

청강공의 이 시는 당시 목격한 사건을 자세히 서술한 것입니다. 그리고 시구 중에서 "공이 있는 달사는 어디로 갔나 상벌이 명확하지 않으니 공도가 무너졌다."라는 구절은 이른바 양달사 장군이 가장 큰 공을 세웠으나 포전을 입지 못했다는 뜻입니다.

又有文蹟之可據者 嘗見李淸江詩話中載南州驛壁詩而有小序曰▲乙卯湖南倭變

昇平日久諸將多失律使後人有詩此亦一詩史也其詩有曰

長興民若喪考妣
知是韓公政術仁

有曰

超資李尹眞丈夫
有功達泗歸何處

又曰

賞罰不明公道滅
怊悵君讐雪無因

蓋淸江公此詩備述其同時目擊之事而詩中所謂有功達泗歸何處賞罰不明公道滅

者蓋謂達泗首建大功而未蒙褒典也

또 영암읍지를 살펴보면

"양달사는 사람됨이 강개하고 힘이 남보다 뛰어났다. 을묘년 왜구가 창궐하여 열읍이 분궤되고, 영암성이 포위되어 함락될 즈음, 양달사 장군은 기이한 계략을 세워 적을 격파하고, 남녘을 보전하였다. 그럼에도 양공은 상중에 출사한 것을 부끄럽게 여기고 그 공을 원수에게 돌리고 여막으로 돌아왔다."

라고 돼 있으니, 이 문적이 증거가 아닙니까?

또 명나라의 역사서에 을묘년의 대첩을 약술한 기록을 보면

"보고를 하러 온 심통원(沈通源[111])이 포로를 바치자 특별히 칭찬하면서 공을 세운 이윤경 등에게 차등 있게 상과 부상을 주었다."고 하였습니다.

청강 이공의 시화를 보면, "자급을 올려받은 이윤은 진짜 대장부"라고 하였으니, 그 당시 전주부윤이 영암에 내려와 성을 지킨 공을 말하는 것입니다.

이공과 양공은 공이 같고 한 몸처럼 움직였다고 말할 수 있음에도, 이공은 명나라 황제에게서 큰 상과 상품들을 받았으나, 양공은 오히려 누락되어 우리나라 조정에서조차 포전이 없었습니다. 이것이 비록 양공이 겸손하게 물러난 것에서 비롯되었다고 하나, 그가 국가를 위한 마음을 생각한다면 어떻게 은전을 빠뜨릴 수가 있습니까?

---

111 1558년(명종 13) 예조판서 등으로 옮겼다가 명나라에 동지사로 파견되어 연경(燕京)에 다녀왔고, 곧 의정부 우찬성으로 승진하였으며, 이듬해 좌찬성을 지냈다. 1560년(명종 15) 이조판서로 있다가 우의정에 제수되어 정승의 반열에 올랐다. 이후 왕의 외척으로 또 다른 외척인 윤원형(尹元衡) 등과 경쟁하면서 권세를 누렸다.

又按朗州邑志曰梁達泗爲人慷慨膂力過人値乙卯倭寇賊兵猖獗列邑奔潰本郡被
圍城幾陷達泗設奇擊賊南土賴安達泗耻其服麻從戎歸功元帥復歸廬次此非文蹟
之可證者乎

又按皇明紀畧亦載乙卯奏捷事有曰朝鮮遣陪臣[112]沈通源獻俘[113]特賜嘉獎仍賜獻功
人李潤卿等賞賚[114]有差
盖李公卽淸江詩話中所謂超資李尹眞丈夫而其時以全州府尹立功也

李公與梁公可謂同功一體而李公則至蒙天朝之賞賚梁公則尙漏本朝之褒典此雖
由梁公謙退之意而其爲國家之闕典爲如何哉

---

112 陪臣(배신) : 신하국인 조선의 신하라는 뜻.

113 獻俘(헌부) : 전쟁에 붙잡은 포로(捕虜)를 바침.

114 賞賚(상뢰) : 상으로 물건을 줌.

아. 양공이 왜구를 섬멸한 공적과 남아 있는 사적들이 이처럼 역력하고 기록들의 명확함이 또한 이와 같습니다.

만일 그 사적이 너무 오래되고 멀어서 경솔하게 의논할 수 없다면 그것은 더욱 옳지 않습니다. 열성조 이래 의롭고 장렬함을 포상하여 널리 알리는 것은 정치로 사람을 교화하는 근본으로서, 포상에서 누락된 자는 다음 기회에라도 받도록 한다고 배웠고, 그런 예를 일일이 적을 수 없을 정도입니다.

그런즉 양공이 오랑캐를 죽인 공적이 시간이 오래되고 사람들의 관심에서 멀어졌다고 핑계를 대면서 양공에 대해서만 포전(褒典)을 아까워해서야 되겠습니까?

지금 마침 우리 성상께서 새로운 교화를 펼쳐 백성들의 사기를 배양하고 절의를 숭상하고 권장하겠다는 뜻을 누누이 윤음으로 내리셨습니다.

그리고 지난날 합하께서 내리신 가르침의 글에도 충신을 포상하고 열녀를 정려하는 것을 제일 급선무로 하시겠다고 하셨습니다.

지난날 경황 중에 처리되지 못한 전례(典例)이나, 이번에는 양공이 대접받을 수 있었으면 하기 때문에 소생 등은 양공이 세운 공적을 모두 간추려, 입을 모아 부르짖는 것입니다.

아무쪼록 합하께서 조정에 들어가는 즉시 돌아가신 양달사공이 충성심으로 창의하여 왜구를 섬멸한 사실을 주상께 보고하여 특별히 황천에 계신 양달사공이 포상과 추증을 받게 하여 주시고, 그렇게만 해주신다면 좋은 풍속을 세우고 세상을 교화하게 될 것이니 다시 한번 채납하여 주시기 바랍니다. 소생 등은 몸 둘 바를 몰라 그저 간절히 기원합니다.

嗚呼梁公殲倭之事其遺蹟之歷歷訖如此文章之昭昭又如此

若謂久遠之事不可輕議則又有不然者自列聖以來以褒揚▲義烈爲政化之本前後
闕典次第修舉者不可勝記則梁公殲虜之功其可誘於久遠而獨靳其褒典乎

今我聖上臨御新化方洽以培植士氣崇獎節義之意屢發於綸音之間

而閣下關諭之文亦以褒忠獎烈爲第一先務前日未遑之典若有待於今日故生等亟
具梁公立功梗槩合聲齊籲

伏乞閣下卽舉故海南縣監梁達泗奮忠殲倭之事上聞于朝特加褒贈以光泉路則其
所以樹風聲扶世教者當復如何哉生等無任祈忌之至

175

○ 나주 진사 오시유, 유학 박경원, 박의원, 박종기, 이정달, 오시전, 오택원, 오선원, 양재오, 양달신, 양달형, 양석구, 임재관, 임재기, 임영택, 유덕곤, 유성찬, 유성하, 유성삼, 유성로, 박치화, 임익하, 임일원, 임종하, 임광원, 임태진, 임명원, 임희진, 이철웅, 김명달, 진사 기계상, 유학 유희안, 유덕희, 장천한, 배연찬, 이수국, 유희도, 최달재, 최익동, 이굉간, 나정의, 홍광한, 정명운, 나광삼, 이당

○ 전주 송복휴, 송능손, 유경한, 유경염, 송은휴, 김상설, 송익중, 송익은, 이규항, 윤동혁, 이계설, 정백행, 송극휴, 이계해, 이웅만, 이계만, 정택화, 정택복, 홍치영

○ 광주 진사 박휘진, 이엽, 유학 기언섭, 기태훈, 기언점, 기학심, 기학순, 기종환, 박명서, 기학록, 박일진, 박주진, 박창진, 박언진, 박성진, 박섭홍, 홍중, 박중세, 이지덕, 유적, 유정삼, 유성삼, 고황, 최종대, 최종적, 유동규, 고한겸, 이창엽, 이창형, 윤회, 김치광, 김필명, 박제동, 박양동, 박명동, 박금동, 박욱동

○ 남원 양하구, 양상성, 이정규, 노정형, 장제식, 장효식, 이흥규, 이득규, 조광석, 조광서, 양홍, 양의성, 이복로, 진사 최사현, 유학 노정용, 이윤명

○ 영암 진사 김철, 박양덕, 신사준,[115] 유학 이진희, 김종열, 조윤벽, 조윤장, 박종겸, 이지갑, 윤달주, 윤국주, 안득기, 신영만, 박사유, 박종덕,

---

115   신사준은 양달사의 행장을 쓴 사람이기도 하다.

○ 羅州 進士 吳時裕, 幼學 朴慶源, 朴義源, 朴宗琦, 李正達, 吳時傅, 吳宅源, 吳善源, 梁載五, 梁達新, 梁達享, 梁錫耉, 林在莫, 林永宅, 柳德坤, 柳星燦, 柳星夏, 柳星三, 柳星老, 朴致和, 林翊夏, 林一遠, 林鎭夏, 林匡遠, 林泰鎭, 林煩遠, 林禧鎭, 李喆膺, 金命達, 進士 奇繼商, 幼學 柳希顔, 柳德熙, 張天翰, 裵硯纘, 李壽國, 柳希道, 崔達齊, 崔翊東, 李宏幹, 羅廷儀, 洪光漢, 鄭明運, 羅光參, 李榶

○ 全州 宋復休, 宋能孫, 柳經漢, 柳經濂, 宋殷休, 金相說, 宋翼中, 宋翼殷, 李揆沆, 尹東赫, 李楳峕, 鄭百▲行, 宋克休, 李楳楷, 李雄萬, 李繼萬, 鄭宅華, 鄭宅復, 洪致泳

○ 光州 進士 朴徽鎭, 李燁, 幼學 奇彦燮, 奇兌勳, 奇彦漸, 奇學心, 奇學淳, 奇宗煥, 朴明瑞, 奇學祿, 朴一鎭, 朴周鎭, 朴昌鎭, 朴彦鎭, 朴聖鎭, 朴燮洪, 洪重, 朴重世, 李址德, 柳迪, 柳定三, 柳省三, 高梘, 崔宗大, 崔宗迪, 有東奎, 高漢謙, 李昌燁, 李昌烔, 尹懷, 金致光, 金必鳴, 朴悌東, 朴亮東, 朴明東, 朴金東, 朴旭東

○ 南原 梁夏龜, 梁尙性, 李貞圭, 盧廷衡, 張擠栻, 張敎栻, 李興圭, 李得圭, 趙光錫, 趙光瑞, 梁泓, 梁義性, 李復老, 進士 崔思賢, 幼學 盧廷龍, 李潤命,

○ 靈巖 進士 金喆, 朴良德, 愼師浚, 幼學 李震禧, 金宗說, 曺閏壁, 曺閏壯, 朴宗謙, 李之甲, 尹達冑, 尹國冑, 安得基, 愼永萬, 朴師裕, 朴宗德

최몽관, 박양득, 이중근, 조윤락, 박급, 박구주, 최이철, 김득원, 민도빈, 박경린, 박현복, 조윤인, 박승회, 김달원, 김윤옥, 최종민, 최수덕, 조문영, 조광은, 정원성, 박사환, 안덕준, 이종술, 현명익

윤정주, 정석용, 신사발, 신철흥, 조광찬, 최갑문, 조광선, 박사영, 곽천식, 정시제, 백명원, 신응운, 최홍준, 최수민, 백사복, 조광국, 박양서, 신택현, 곽종진, 윤통서, 박이완, 조광수, 박이대, 이사중, 최석원, 윤덕민, 조광루, 박윤원, 박사영, 서종화, 최진화, 조영회, 박후증, 전종덕, 신창인, 안형종,

이기택, 문찬후, 신창전, 문찬중, 신찬현, 신사해, 최복태, 최중근, 백사극, 이광실, 신복흥, 조광래, 임호진, 조영한, 임원, 김종석, 최국한, 최덕수, 현진한, 윤규서, 박달증, 최경희, 현진택, 최유한, 김봉의, 이종주, 백무굉, 정명주

○ 창평 양학해, 양학점, 진사 정길, 유학 이지겸, 최명학, 오규원, 유도약, 임태기, 양제대, 양기박, 고시발, 오상현, 오상권, 김재성, 박광혁, 조일상, 유진철

○ 남평 최명기, 홍헌동, 송상이, 이홍복, 이형복, 이징복, 생원 홍봉주, 유학 임숙, 임잠, 서일조, 윤석무, 서수정, 서종한, 정명오, 김옥

○ 화순 최욱창, 최식, 최억창, 신응인, 최주석, 조익형, 조익원, 조익무, 조동필, 조양필, 유여수, 박기하

崔夢觀, 朴良得, 李重根, 曺閏洛, 朴汲, 朴龜胄, 崔以哲, 金得源, 閔道斌, 朴景麟, 朴顯福, 曺閏仁, 朴崇晦, 金達源, 金閏玉, 崔宗泯, 崔粹德, 曺問永, 曺光隰, 鄭元成, 朴師桓, 安德俊, 李宗述, 玄命益

尹廷胄, 鄭錫龍, 愼師潑, 愼哲興, 曺光燦, 崔甲門, 曺光善▲, 朴師永, 郭天植, 鄭始濟, 白命源, 辛應運, 崔興俊, 崔粹民, 白思馥, 曺光國, 朴良瑞, 愼宅顯, 郭宗震, 尹通緒, 朴履緩, 曺光秀, 朴履大, 李師中, 崔錫遠, 尹德民, 曺光樓, 朴閏源, 朴師英, 徐宗華, 崔鎭華, 曺榮會, 朴厚曾, 全宗德, 愼昌寅, 安衡琮,

李基宅, 文粲後, 愼昌典, 文粲中, 愼粲顯, 愼師海, 崔福泰, 崔重根, 白思極, 李廣室, 愼復興, 曺光來, 林浩鎭, 曺英漢, 林遠, 金宗碩, 崔國翰, 崔德翰, 玄鎭漢, 尹遠緒, 朴達曾, 崔敬熙, 玄鎭澤, 崔維翰, 金鳳儀, 李宗尌, 白懋宏, 鄭明珠,

○ 昌平 梁學海, 梁學點, 進士 鄭桔, 幼學 李志謙, 崔鳴學, 吳圭源, 柳道約, 林泰基, 梁濟大, 梁琦博, 高時發, 吳相賢, 吳相權, 金載成, 朴光赫, 曺一相, 柳震喆

○ 南平 崔鳴琦, 洪憲東, 宋相履, 李弘福, 李馨福, 李徵福, 生員 洪鳳周, 幼學 任淑, 任潛, 徐逸祖, 尹碩茂, 徐粹貞, 徐宗漢, 鄭明午, 金鈺

○ 和順 崔郁昌, 崔寔, 崔億昌, 愼應寅, 崔胄錫, 曺翊馨, 曺翊元, 曺翊武, 曺東弼, 曺良弼, 柳汝樹, 朴起廈

○ 함평 안청윤, 안봉윤, 안석윤, 정석백, 이경희, 이정환, 정등

○ 장성 신수권, 김극현, 신일권, 김이현, 김청조, 김상효, 변상오, 김방형, 기태희, 김열조, 김이휴, 진사 박봉장, 유학 김직현, 유광택

○ 무안 오순원, 오혼원, 오사원, 임육원, 이택, 박홍진, 박동진, 최기조, 송광구, 윤주적, 김통해

○ 장흥 생원 김몽룡, 위백규 유학 백시용, 정인만, 임영원, 김몽득, 정도중, 임명신, 정국언, 김몽수

○ 영광 생원 오광원, 이경석, 유학 이도오, 나성환, 최흥복, 강주택, 최나국, 이사겸, 이행준, 이유태,

○ 순천 조현하, 조덕순, 허강, 정몽빈, 양성연, 장운표

○ 보성 박수의, 박수익, 박천상, 안창익, 이상의, 안처성, 박수혁, 이상경, 임모원

○ 태인 김익원, 유성운, 이영구, 이석실, 송정재, 송현기, 송석기, 송우기, 이석구, 이정제, 송현, 송석기, 송명기,

○ 강진 임득헌, 이의명, 윤덕침, 이존박, 최우철, 최우훈, 오사의, 이재박,

○ 해남 진사 임술원, 유학 이의승, 민백종, 민백최, 이종헌, 임익원, 정사직, 임정린, 임정봉, 임정윤, 임정한

○ 咸平 安淸胤, 安鳳胤, 安碩胤, 鄭錫百, 李慶禧, 李廷煥. 鄭登▲

○ 長城 申守權, 金克賢, 申逸權, 金履賢, 金靑祖, 金尙孝, 邊相五, 金邦衡, 奇泰熙, 金烈祖, 金履休, 進士 朴鳳章, 幼學 金直賢, 柳光宅

○ 務安 吳順源, 吳混源, 吳泗源, 林陸源, 李坨, 朴弘鎭, 朴東鎭, 崔琦祚, 宋光垢, 尹周績, 金通海

○ 長興 生員 金夢龍, 魏伯圭 幼學 白時龍, 鄭仁萬, 任永源, 金夢得, 丁道中, 任命新, 鄭國彦, 金夢秀

○ 靈光 生員 吳光源, 李敬錫, 幼學 李道吾, 羅星煥, 崔興福, 姜柱宅, 崔擎國, 李師兼, 李行俊, 李儒泰,

○ 順天 趙顯夏, 趙德淳, 許珖, 鄭夢賓, 梁聖淵, 張雲杓

○ 寶城 朴守義, 朴守益, 朴天相, 安昌翊, 李象儀, 安處成, 朴守赫, 李象俓, 林模遠

○ 泰仁 金益源, 柳星運, 李英垢, 李錫垢, 李廷齊, 宋顯基,, 宋碩基, 宋明基

○ 康津 林得憲, 李毅明, 尹德沈, 李存樸, 崔宇喆, 崔宇勳, 吳思義, 李載樸

○ 海南 進士 任述遠, 幼學 李宜昇, 閔百宗, 閔百最, 李宗憲, 任翼遠, 鄭師直, 任廷麟, 任廷鳳, 任廷胤. 任廷鵬

○ 능주 안창헌, 안창신, 진사 문연채문준오, 양명룡, 송철,

○ 곡성 안증, 유동준, 유동진, 유두진, 정섭

○ 담양 박시원, 박호성, 오광덕, 이양협, 남두엽, 이양곤,

○ 동복 정이진, 나신좌, 이응열, 조경주, 나학천

○ 순창 설경홍, 설경항, 홍상구, 윤희호, 김방집

○ 무장 강구환, 이여룡, 이여인, 이여식, 김여윤,

○ 고창 유엄, 강영, 강숙, 이세온, 이진규

○ 흥덕 신사택, 신지묵, 이언림, 고한신

○ 정읍 유문덕, 강봉래, 손명택,

○ 임피 황구하, 채응휴, 이화갑

○ 옥구 이성복, 문명상, 문창주

○ 김제 이성덕, 유각, 조지철, 정섭

○ 익산 이진화, 유지배, 황석윤, 김수도, 유택배

○ 만경 유현두, 임익환, 남궁엽,

○ 구례 박형진, 정규환, 오상현

○ 광양 서윤택, 서윤창, 정윤

○ 綾州 安昌憲, 安昌信, 進士 文演採 文濬五, 梁命龍, 宋澈,

○ 谷城 安璔, 柳東俊, 柳東鎭▲ 柳斗鎭, 鄭燮

○ 潭陽 朴時遠, 朴好星, 吳光德, 李養挾, 南斗燁, 李養坤,

○ 同福 丁以鎭, 羅愼佐, 李應烈, 曺景周, 羅學天

○ 淳昌 薛慶弘, 薛慶恒, 洪相龜, 尹禧昊, 金邦楫

○ 茂長 姜龜煥, 李汝龍, 李汝仁, 李汝式, 金汝閏,

○ 高敞 柳儼, 姜泳, 姜淑, 李世溫, 李震奎

○ 興德 愼師澤, 愼持黙, 李彦林, 高漢辛

○ 井邑 柳文德, 姜鳳來, 孫命宅,

○ 臨陂 黃龜夏, 蔡膺休, 李華甲

○ 沃溝 李聖福, 文命尙, 文昌周

○ 金堤 李性德, 柳珏, 趙之喆, 鄭涉

○ 益山 李鎭華, 柳智培, 黃錫胤, 金秀道, 柳宅培

○ 萬頃 柳玄斗, 任益煥, 南宮燁,

○ 求禮 朴炯鎭, 鄭圭煥, 吳相顯

○ 光陽 徐潤澤, 徐潤昶, 鄭潤

○ 낙안 김필, 유종황, 김유

○ 고부 최윤신, 송휘관, 이석모, 김재곤, 권세엽

○ 부안 김동호, 이세담, 이거원,

○ 흥양 신치권, 송도재, 박찬규, 정효심, 박양찬

제사(뎨김, 題音)

"양공의 충절은 이미 영암군의 보고로 다 알고 있고, 많은 선비들의 얘기를 통해 얼마나 기다리고 있는지도 알고 있다.

이번에는 효열과 절의 건으로 이미 보고서를 써서 부쳤으니, 후일을 기다려라."

○ 樂安 金必, 柳宗滉, 金濡

○ 高阜 崔潤身, 宋彙寬

○ 扶安 金東灝, 李世聃, 李遠源,

○ 興陽 申致權, 宋道載, 朴燦圭, 丁孝心, 朴良粲

題辭

梁公忠節已悉於邑報

何待多士之言而知之乎

今則孝烈節義伏啓已封發留待後日事

13. 나주 진사 오시유 등 상순상서

신축년(1781년 8월)

앞에서 본 대로 도내 유생들이 관찰사에게 탄원을 했지만, 효과가 없자 지난 번 연명한 사람 중 한 사람인 오시유 등 나주 유생들은 1년 후에 다시 탄원서를 냈다. 하지만 이때의 소지(所志)도 조정에 보고되지 못한 것으로 보인다.

또한 당시 양달사 의병장의 현창사업에 나주사람들도 앞장섰다던 것을 알 수 있는 귀중한 자료다.

나주 진사 오시유 등이 순상합하께 올리는 글

순상합하! 저희가 지난날 고 해남현감 양공달사가 여러 진들을 점령한 왜구를 물리친 일을 합하에게 여러 차례 보고한 적이 있고, 합하께서는 제음(題音)에서 분명하게 양공을 포상하는 일에 대하여 말씀하시기를, "양공의 충절은 이미 군의 보고서를 통해 잘 알고 있고, 많은 선비들의 말을 통해 얼마나 고대하고 있는지도 알고 있다. 이번에는 효열의 건을 이미 보고 올렸으니 다음 기회를 기다리는 것이 좋겠다."라고 하셨습니다.

또 영암군수에게 올린 보고에 대한 답변에서도 말씀하시길, "양공의 충절과 관련하여 이미 전 군수가 감영에 책을 만들어 올린 보고를 통해 잘 알고 있다."고 하셨고, 금번 이 보고서에 대해서도 또한 동일하게 "아주 절실하고, 흠탄할만한 절의"라고 하시면서, "이미 장계가 발송되었기 때문에 추세를 보면서 나중에 보자."고 하셨습니다.

소생들은 이에 합하께서 위대한 양공의 공적이 사라지는 것을 매우 안타깝게 여기시면서 훗날 세상에 알리고 싶어 하셨기 때문에, 보고하실 것으로 알고 있습니다. 그리고 기다리라는 말씀에 공손히 물러나왔습니다.

羅州進士 嗚時裕等 上巡相書

巡相閣下伏以生等前日以故海南縣監梁公達泗殲倭之烈陣列于閣下者再至三
閣下題音極其褒獎有曰梁公忠節已悉於邑報何待多士言而知之孝烈狀啓今持封
發留待可後云云

又於靈巖郡守報狀回題曰梁公忠節已悉於前郡守所報營上成冊矣
今報又如此尤切欽歎節義狀啓已發勢持留待云云

生等於此有以知閣下於公之事益以偉其烈狀其績而深惜其泯沒欲闡於後日也生
等旣承留待之敎退伏恭竢者

이미 여러 달이 지났고, 합하께서 전일에 말씀하신 후일이 바로 지금이라 생각합니다. 소생들이 생각건대, 합하께서는 우리 도의 풍속을 살피시면서, 충성을 포상하고 효를 드러내는 것을 직분 중의 첫 번째 일로 삼으셨습니다.

따라서 전에 양공의 일을 나중에 보자고 가르침을 내리신 만큼 양공의 업적을 포양(襃揚)하는 일이 조만간에는 있을 것이고, 백 년 동안 더욱 억울하고 원통했던 일이 이번에는 세상에 널리 밝혀질 것으로 봅니다. 그것은 모든 사람들의 바람이거늘 어찌 그만둘 수 있겠습니까?

하지만 양공께서 몸을 다쳐 순국하신 충성심과 기묘한 책략으로 왜구를 물리친 공훈, 그리고 겸손하게 물러나 자랑하지 않은 공덕은 아직까지도 역사에 감추어져 전해지지 않고 있습니다.

당시 함께 공을 세운 정헌(正獻[116]) 이윤경 등의 공적은 왕조의 공훈록에 남아 있습니다. 심지어 조정의 논공행상에서 달량진의 권관 조현은 잠시 싸우다 죽었지만 충신 정려까지 받았습니다.

그러나 가장 높은 공이 있는 양공에게는 은전이나 포상이 유독 빠져 있습니다.

지금 양공에 대하여 드린 말씀은 진실로 더함과 덜함이 없는 것입니다. 양공은 아름다운 명성을 남기고 세상을 가르치는 도를 이룩하신 분인데, 어찌 서운함이 없겠습니까?

원컨대 합하께서는 다시 한번 세상에서 보기 드문 양공의 충렬을 굽어 살펴 주시고, 또 일전에 나중에 보자고 하신 고마운 가르침을 잠시 돌아봐 주시기 바랍니다.

---

116 이윤경의 시호

今旣歷屢月矣

閣下之前所稱留待後日者正爲今日生等私窃以爲閣下觀風一道以褒忠闡孝爲擔

分中第一件事而已於梁公之事以留待爲敎則褒揚一事雖有早晚百年沉鬱之冤庶

將闡發於今日矣其爲士林之幸豈有旣乎

又窃惟念梁公損身殉國之忠設奇殲賊之功謙退不伐之德未之史錄寔罕其傳

而當時同功之人李正獻潤慶諸公則不但本朝之紀功[117]亦蒙宝朝之論賞至於達梁鎭

將曺顯之一時取死亦蒙棹楔[118]之典

而梁公乃以首功之人獨漏恩褒此在梁公固無加損而其於樹風聲扶世敎之道豈不

有憾伏願閣下更察梁公不世之忠烈且循前日留待之感敎亟

---

117 紀功(기공) : 공로를 기념함.

118 棹楔(작설) : '綽楔'의 잘못 표기로 정려를 받은 것을 뜻함.

특히 양공이 왜구를 섬멸한 공적의 장계를 특별히 올리셔서, 조정에서 융성한 포상이 내려오게 하여 우리 도의 공의가 모두 없어지고 양달사 의병장의 명성이 세워지도록 하여주시기 바랍니다.

이렇게 해주신다면 도내 선비들은 모두 "합하께서 기다리라고 하신 가르침이 오늘에 와서 보니 우리를 속인 것이 아니었구나"라고 말하게 될 것이니, 얼마나 좋은 일입니까? 어찌 찬미하지 않겠습니까?

소생 등은 당황스럽고 몸 둘 바를 몰라 간절히 기원합니다.

제사왈 "효열과 절의의 보고서를 조정에 올렸으니 다음에 보고할 때를 기다려라. 그때 잘 생각해서 보고드릴 것이다."

신축년 7월 일

特梁公殲倭之績狀聞于朝俾蒙隆褒使一道公議無至落莫使百世風聲永有樹立而又使道內多士咸曰閣下所爲留待者盖今日而不我欺也豈不韙哉豈不美哉生等無任惶恐懇祈之地

題辭曰孝烈節義狀啓皆因朝令而爲之勢將待朝令謹入商量有所啓聞事

辛丑 七月 日

14. 본읍 유생 신창성 등 수의상서

영암 유생 신창성 등, 신축년(1781년) 8월

영암의 유생 신창성이 중심이 되어 당시 암행어사에게 올린 글이다. 군수와 관찰사만 아니라 암행어사에게까지 탄원을 올렸다는 점에서, 영암 선비들의 열의와 공의가 얼마나 대단했는지 엿볼 수 있다. 신창성(1742-1799.2.12)은 양달사의 사위인 신언경의 동생 개경(介慶)의 5대손이자, 양달사의 행장을 쓴 신사준의 당숙이다 (『거창신씨대동보』 제3권).

본읍 유생 신창성 등이 암행어사님께 올리는 글

암행어사님! 절의를 장려하고 공신을 포상하는 것은 이 나라 조정의 법도이고 충신을 현창하고 의로운 분을 찾아 알리는 것은 선비들의 마땅한 본분입니다.

지금에 와서 보니 우리 영암에는 포상할 만한 절의와 충훈을 가지신 분이 있었음에도, 백여 년 동안 이름을 드러나지 않았고, 정려도 받지 못하였으니, 어찌 조정의 법도에 흠결이 아니겠으며, 선비들의 유감이 없겠습니까?

돌아가신 해남현감 양공은 가정 을묘왜변 때, 목숨을 잃고 순국하셨고, 신기한 전략을 세워 적을 격파하고 호남을 방어하여 지켜냈습니다. 이 위대한 공적과 충렬은 지금도 어제 일처럼 길을 지나다니는 사람들의 이목에 뚜렷이 남아 있습니다. 그래서 소생들은 특별히 공의를 모아 감히 이렇게 요구하오니, 바라건대 암행어사님께서는 좀더 자세하게 살펴주시기 바랍니다.

양공은 본디 충성심과 효성이 뛰어났고, 용기와 힘, 담력 등이 옛날 이름난 명사들의 풍모와 같았습니다. 일찍이 무과에 급제하고 중앙과 변방직을 역임하면서 명성과 공적이 있었습니다.

당시 섬 오랑캐가 대거 침입하여 잇달아 연해의 여러 군들이 함락당하였습니다. 병사 원적이 선봉으로 나가 패배하여 전사하였고, 장흥현감 한온도 온 힘을 다해 싸웠으나 순국하였고, 영암군수 이덕견은 적에게 투항해 버렸습니다.

이때 온 나라가 물 끓듯이 들썩이면서 전라도 일대가 토사가 붕괴하듯이 무너졌고, 영암은 적의 요충지로, 극심한 피해를 입었습니다. 달량진에서 백 리 이내가 모두 적의 소굴이 된 것입니다.

本邑 儒生 愼昌晟 等 繡衣上書

繡衣使閣下伏以獎節褒功朝家之令典顯忠闡義士林之公議

今有可獎可褒之節義忠勳而迄今百餘年終未顯揚而㫌表則豈非朝家之欠典而士
林之遺憾乎

故海南縣監梁公諱達泗當嘉靖乙卯倭寇之難忘身殉國設奇破賊捍蔽湖
右之豊功偉烈至今塗人耳目赫赫若前日前事生等特採公議敢此齊籲伏乞閣下試
加澂察焉

盖梁公素有忠孝大節勇力膽畧綽有古名風早登武科歷仕內外俱有聲績

當島夷大擧入寇連陷沿海諸郡兵使元績先敗而死長興縣監韓蘊力戰而沒靈巖郡
守李德堅投降於▲賊

嘗是時擧國鼎沸一路土崩靈巖爲敵衝要被衂最極自達梁百里之間盡爲賊六

적장은 병사들을 데리고 성의 동쪽에 있던 향교에 주둔하였는데, 사방에서 출몰하여 닥치는 대로 학살과 약탈을 자행하였고, 말을 내달아 늘 북으로 올라가려는 기세였습니다.

마침 어머니 상을 당하여 집에 있던 양공은 분노로 칼을 뽑아들고 눈물을 흘리며 말하길 "임금과 어버이는 한 몸인데, 임금이 욕을 당하는 날은 신하가 죽어야 할 날이다. 어찌 상례에 얽매어 국난에 뛰어들지 않겠는가?"하고 말했습니다.

드디어 상복 차림으로 성중에 들어가 부로들의 추천으로 맹주가 된 양공은 "신출귀몰한 전략을 내세워 적의 허점을 이용하지 않으면 적을 제압할 수 없습니다."라고 말하고, 먼저 아름다운 비단옷과 꽃모자를 쓴 창우대로 하여금 적진 앞에서 여러 가지 희극을 펼치도록 했습니다.

적들이 펄쩍펄쩍 뛰고 기뻐하면서 웃어대자, 양공은 그때 죽음을 각오하고 병사 수백 인을 거느리고 진격하였고 모든 병사들이 뒤따르면서 숨돌릴 새 없이 습격하여 적들을 참획하였습니다. 성 안에서도 노소 백성들이 나와 북을 치면서 공격을 하였습니다.

양공은 타고 있던 말이 창에 찔려 넘어졌으나, 지체없이 신출귀몰하게 공격하여 설욕하였습니다. 적들이 크게 궤멸되면서 머리가 땅에 나뒹굴고 유혈이 초목을 적셨으며, 참살된 적의 머리가 천여 급이었습니다. 양공 또한 10여 곳에 창상을 입었는데, 왜장이 분노하여 크게 욕을 하면서 공격을 해왔습니다.

賊酋屯聚城東鄕校縱兵四出大肆殺掠有長馳北上之勢

梁公方持母艱在家擊釖流涕曰君親一體也當主辱臣死之日烏可拘於禮制不赴國難乎

遂墨縗入城中父老推爲盟主梁公曰若不乘虛出奇無以濟勝先使倡優輩袨絃綵服簇花竿張百戲於陣前

賊雀躍而喜笑梁公率敢死士數百諸從後出不意襲斬敵城中老小鼓譟從之

梁公策馬堕突抽戈擊刺之狀不啻風騰雪掣神出鬼沒賊陣大潰破腦塗地流血漬草所殲識千餘級梁公亦被十餘創倭酋乘憤趕來[119]大叫搏之

---

119 趕來(간래) : 쫓아옴.

양공은 패한 척 적장을 진흙 구덩이로 유인하면서 발돋움으로 말을 부축하여 통과하였고, 왜장은 질풍처럼 달려오다가 과연 진흙 구덩이에 빠졌습니다. 그러자 양공이 몸을 돌려 분격의 일검으로 베어 버리니, 좌우방어사 김경석과 남치근도 승세를 틈타 적들을 공격하여 마침내 왜구들이 자기 나라로 돌아갈 수 없도록 하였습니다.

전쟁이 끝나고 양공은 집으로 돌아와 처음처럼 상제를 지켰습니다. 역사 이래 왜구의 침입이 있었다고 하여도 을묘년에 호남에서 거둔 것처럼 큰 승리는 없었습니다.

만일 양공이 신출귀몰한 전략으로 먼저 적의 예봉을 꺾어 무찌르지 못했다면. 왜구를 몰아낸 을묘대첩이 어떻게 가능했을 것이며, 남녘 땅이 어떻게 온전하게 보전되었겠습니까?

지금도 행인들이 영암군 동쪽 향교터를 가리키면서 입을 모아 말하기를, "여기는 양해남이 전쟁에서 승리한 곳이다"라고 합니다. 청강 이제신도 시화 중에 남주역 벽의 시가 그 당시로서는 특이한 시라고 서술하면서, "공이 있는 달사는 어디로 갔나 상벌이 분명하지 않으니 공도가 무너졌다."라고 하였습니다.

또, 영암읍지에도 양공이 왜구를 격파한 업적이 소상히 기록돼 있고, 지금까지도 환하게 알려져 있습니다. 당시 도원수 쪽에서 양공의 공적을 보고하지 않아 조정에 기록되지 못했으니, 이는 양공께서 겸손하게 물러나 공적을 자랑하지 않은 까닭입니다.

梁公佯敗誘引過淤泥地扶馬蹞步而過倭酋疾躝後果陷於淤泥中梁公回身奮擊一

刀斫下遂與左右防禦金景錫南致勤等乘勝逐此竟使隻甲不返事

旣已梁公遂還家守制如初盖自有倭以來未有若乙卯湖南之捷

而苟非梁公設奇斬馘先挫其銳則禦之獻捷何以辦得南維之保障何以護全也

至今行旅之過靈巖郡東墟者咸點曰梁海南勝戰處也淸江李公濟臣詩話中南州驛

壁▲詩歷敍其時詩特之事而有曰有功達泗歸何處賞罰不明公道滅

且於邑誌中詳錄破倭事績至今昭垂而當時幕府之不上其功朝廷之不錄其忠盖緣

梁公謙退不伐之故也

이후로 호남의 많은 선비들이 양공의 진실한 충성심과 위대한 열정의 전말을 정리해서, 한결같이 포상해 달라고 애원하면서 본 군과 관찰사님께 그 뜻을 전달하였습니다.

암행어사님께서 돌아보시는 곳이 얼마나 많은지 모르겠습니다만, 충분히 살펴보시고 예부에 진정해 주신다면 다들 양공의 충절을 장하다고 찬탄할 것이고, 만일 깊은 곳에 처박아 버리신다면 백세의 이 공의는 시간이 지날수록 억울해할 것입니다.

암행어사님께서는 임금님의 명에 따라 백성들의 근심을 두루 살펴서, 충절을 장려하고 인륜의 도리가 뿌리내리도록 힘쓰시는 것으로 알고 있습니다.

그래서 감히 이렇게 한마음으로 호소하오니, 전라도 유림들의 공의를 잠깐이라도 특별하게 살펴보시고, 양공이 왜적을 섬멸한 공로를 궁궐에 아뢰어 주시고, 특별히 추증되는 은전이 내려올 수 있도록 해주시기 바랍니다.

이로써 백대 기풍을 세워 구중구천에 계신 양공의 충혼을 위로해 주시면, 진심으로 감사하겠습니다.

소생 등은 몽매함을 무릅쓰고 기도하면서 우러러 말씀드립니다.

제사
"중임을 행하고 돌아갈 때 다시 사적을 조사하여 살펴보겠음."

신축년(1781년) 8월 일

前後湖南多士以梁公精忠偉烈終末一襃之意鳴寃呈書於本郡方伯者不知其幾百

巡而亦嘗裹足陳訴於禮部則皆加奬歎

而但九重深邃[120]終末一撤百世公議愈久愈鬱

伏聞閣下承命周詔採察民隱而尤致意於奬忠節植倫常之方故玆敢疾聲一呼伏乞

特採一道儒林之公議亟特梁公殲倭之功奏達楓記之下特加貤贈之典

以尌風聲於百代以慰忠魂於九泉千萬幸甚

生等無任激勵祈懇之至謹冒昧仰達

題辭登聞體重復路時更當採問事蹟商量爲之向事

辛丑 八月 日

---

120 深邃(심수) : 깊고 어두운 곳.

15. 본읍 유생 신창성 등 정(呈) 본관(本官[121]) 서

영암 유생 신창성 등, 1841년

영암의 유생 신창성을 중심으로 당시 이 지역을 지나가는 암행어사에 이어서, 군수에게 다시 올린 글이다. 암행어사에게 올린 글이 1841년 8월이므로, 이 글은 8월 이후에 올린 글로 봐야 한다. 1972년 영암군향토지에 따르면 당시 영암군수는 구재선(具載善, 1801년-?)으로, 병마절도사를 지낸 구진(具縉)의 아들이다. 28세에 무과에 급제하여 선전관 등을 지냈고, 1839년 10월에 부임하여 1842년 체직된 것으로 적혀 있다. 따라서 신창성 등이 올린 소지는 그가 처리하였을 것이다.

---

121 本官(본관) : 자기 고을의 수령, 즉 영암군수를 일컬음.

영암 유생 신창성 등이 영암군수에게 드리는 글

성주합하!

삼가 우리 백성들은 지난번 고 해남현감 양달사공께서 을묘왜변 때 왜구를 섬멸한 공적을 합하께 아뢴 적이 있습니다.

부임 초 합하께서는 제음(題音)에서 "양공의 일은 포상할 만하다."라고 탄미하시면서 "나중에 감영에도 보고하고, 암행어사님께도 전달하겠다."라고 하셔서 저희들은 감읍하였습니다. 다들 양공의 위대한 충절과 장렬함이 포상을 받아 세상에 널리 알려지게 되는 날이 거의 되었다고 여기고, 합하의 충신과 의사에 대한 기개에 감격하였습니다.

저희들 고향에서 이보다 큰 소망이 어디 있겠습니까? 그러나 죄송합니다만, 탄원서를 드린 지 이미 한 달이 경과하였음에도 아직 관가에서 양공의 일을 논의하여 보고했다는 소식을 듣지 못했고, 감영이나 암행어사님께서도 아무런 연락이 없습니다.

하여 군수합하께서 요즘 백성들을 구제하는 일로 경황이 없어 저희들의 일에 신경을 쓰지 못한 것은 아닌지 걱정됩니다.

지난번 저희들이 이 일 때문에 암행어사님께 함께 보고드릴 때에도, 제음에서 "돌아가는 길에 다시 자세히 사적을 조사하여 생각해 보겠다."라고 대답하셨습니다.

本邑儒生愼昌晟等 呈本官書

城主閣下伏以民等頃以故海南縣監梁公達泗乙卯殲倭之功陣籲于閣下

閣下下車之初則閣下題音極其褒美而末有轉報營門及繡行[122]以爲轉達之▲敎民等

不勝莊誦感泣

咸謂梁公之偉忠壯烈庶得闡揚於崇獎義烈之日而可以激忠臣義士之氣矣

民等一鄕幸孰大於是伏念呈書之後已經時月而未聞官家以梁公事論報營門及繡

衣無乃閣下方留意荒政[123]未遑於此等事而然耶

頃者民等亦以此事齊聲於繡衣而其題辭有曰復路時更當採問事蹟商量爲之云云

---

122 繡行(수행) : 암행어사가 지방을 순찰함.

123 荒政(황정) : 백성을 구제하는 정책.

가만히 헤아려 보면 양공의 순국충절은 암행어사님께서도 포상을 받을 만하다고 여기면서, 서울로 돌아가 복명하는 날 보고하겠다고 하셨는데, 가시는 길이 지체되어서인지 아직까지 알 수가 없습니다.

마침 관찰사님께서 조만간 본읍의 성 밖을 순찰하신다는 말씀을 들었습니다. 합하께서 이미 양공의 일이 매우 찬미할 만하고, 반드시 포상과 정려를 내리게 하고 싶다고 하신즉, 지금이 상황을 반전시킬 좋은 기회라고 생각합니다.

바라건대, 합하께서는 양공이 왜구를 물리친 사적을 다시 잠깐 살피시어, 순찰 중인 관찰사님의 처소에 보고하여 주시기 바랍니다.

또 순상께서 이곳에 도착하시면 지난번 저희가 보고드린 사실을 직접 말씀드리고, 순상께서는 조정에 보고하여 양달사 공이 포전을 입게 된다면 천번만번 감사하겠습니다. 군수님께서 순상께 보고하실 때는 순상께서 이미 그 사적들을 전부 알고 계실 것이므로, 차후에 소홀하게 다루거나 누락되는 일이 없도록 전날 예조에 보고한 것에 첨부하여, 이청강 시화 중 남주역 벽에 붙어 있었던 시도 함께 별지에 기록하여 참고용으로 보내드리니, 자세히 살펴주시며 고맙겠습니다.

너무도 황송합니다만, 저희들은 지극한 마음으로 간청할 수밖에 없습니다.

제사

"양공의 위대한 업적을 포상하고 정려하는 방법을 어찌 생각하지 않았겠는가? 한번 보고를 올리면 휴지가 되지 않도록 하기 위해 실속 없이 서두르거나 간섭을 하지 않을 뿐이다. 관찰사께서 영문을 순행하실 때 직접 대면하고 의논해서 처리하겠다.

窃料梁公殉國之忠庶蒙褒典於繡衣復命之日矣但繡衣之復路遲速姑未知

而窃聞巡相當於早晚巡道本邑云閣下旣於梁公之事深加獎美必欲褒旌則轉斡之機實在此時

伏願閣下更加商察亞將梁公殲倭之蹟論報[124]於營門巡道之所

又巡到時面陳事實趁卽登聞俾蒙褒典千萬幸甚仍伏念報營之時當悉其實蹟然後庶無疎漏之患
故前日所呈禮曹並此粘呈而李淸江詩話中所載驛壁詩並以別紙錄上備參考并賜詳察幸甚民等無任惶悚懇禱之至

題辭曰梁公偉績豈不思所以褒揚之道而一張報牒毋作休紙而止非徒不緊亦涉無實將欲待營門巡行面而議處之矣

---

124   論報(논보) : 하급관아에서 상급관아로 보고하는 것.

선비들이 소원하는 바가 이처럼 단호하므로, 우선 감사 어른께서 좌도를 순찰하고 오시기를 기다렸다가 열거한 보고서와 전에 드린 행장과 남주역 시 등을 보고하겠다."

多士所呈又若是斷斷姑▲竢左巡之還營卽爲枚擧報幷與前呈文狀及南州詩還爲

入送宜當事[125]

[부록]

덕재공 양달수 관련 문헌

1. 이조 계목점연[1]

이조에서 자료들을 덧붙여 보고드린 것에 대하여 임금님께서 명을 내리시다.

이조에서 일전에 다시 보고하기를, "영암의 고 참봉 양달수는 도학과 충절이 뛰어나고 실제로 공적이 있다면서 이번에 전라도 관찰사가 널리 자료를 모아 보고하였습니다. 전 전라감사 이시재[2]의 계문에 의하면, 고 참봉 양달수는 도학이 뛰어나서 참봉이 되었고, 을묘년의 왜변을 만나서는 동생 달사, 달해 등과 함께 상복 차림으로 창의하여, 일검으로 왜구를 물리친 공적이 있습니다. 그럼에도 기록이 누락되어 전라도 선비들이 아직까지도 억울하다는 여론이 있기에, 특별이 추증하는 은전을 내려주시기를 아뢰나이다."라고 하였다.

"은전의 일은 이조에서 감히 마음대로 할 수 있는 것이 아닌 바, 주상께서 재가해 주시는 것이 어떠하신지요"라고 아뢰니, 주상께서 보고올린 대로 윤허하셨다.

"도학과 충절이 탁이하니, 특별히 사헌부 지평으로 추증하노라."

---

1 이조에서 임금께 올린 계목(啓目)에 딸린 문서들이라는 뜻으로, 아래쪽에는 임금이 재가를 내린 계하(啓下) 문서가 함께 있는데, 출처가 어디인지 알 수가 없다. 아울러, 『승정원일기』 2466책(탈초본 120책) 헌종 13년(1847년) 10월 19일(을축)의 기록에는 "故縣監楊達泗贈左承旨, 故參奉楊達洙贈持平 已上忠節卓異贈職事傳(고 현감 양달사는 좌승지에 추증하고, 고 참봉 양달수는 지평에 추증하라. 일찍이 충절이 뛰어나고 남달랐다.〈楊은 梁의 오기〉"만 나와 있는데, 이 기록의 출처는 확인할 수가 없다.

2 1785~ 미상, 한산이씨, 1835년 문과에 급제하였고, 전라도 관찰사와 이조참판 등을 역임했다. 1845년(헌종 11년) 11월 3일 전라도 관찰사로 부임하여, 당시 전주향교 등의 통문을 보고 조정에 보고를 올려 1847년에 양달수는 사헌부 지평으로, 양달사는 도승지로 추증되었다(『헌종실록』 12권).

吏曹 啓目粘連

吏曹

啓目沾連

啓下是白有亦向前曺覆啓內靈巖故參奉梁達洙道學忠節卓異實蹟今本道道臣博採稟處之意

行關道臣處矣

卽見 全羅前監司李時在狀啓內則故參奉梁達洙以道學之卓異處爲參奉, 當乙卯之倭變與第等

達泗達海墨衰倡義一劍盡塵遂成勦滅之功

尙漏於錄公議茹鬱是白乎所合有聖祖激勵崇奬之義特施貤贈之典是白乎矣

事係恩典非臣曺所敢擅使上裁何如傳曰依允

道學忠節卓異贈事承傳持平忠節卓異特贈事承傳

2. 덕재공[3] 양달수 사적

4종제 송천 양응정[4] 답서[5]를 요약해서 말하자면,

"왜구의 변이 이렇게까지 되다니요. 바다에 둘러싸인 영암은 군사적 요충지인데 승평(昇平)이 오래 되다 보니 병창을 익히지 못한 백성들이 곧바로 조치할 수는 없을 것입니다. 하지만 만일 형님 같은 현명하신 분들이 한번 죽기를 각오하고 창의를 한다면, 혈기 있는 사람들이 함께 할 것이니 얼마나 흠탄할 일입니까?

조정에서 장수를 파견하여 평정한다고 해도 시일이 오래 걸릴 것이고 그리되면 오랑캐의 만행을 막아내기 어려울 터, 이 상황에서 어찌 상중의 예에 얽매어 있겠습니까? 권도와 법도에서 권도를 따르는 것이 옳다는 것은 익히 강마하셨고, 충효가 하나이니 누가 형님들이 창의하시는 것을 불가하다고 하겠습니까?

제 의견은 이와 같으니, 지체없이 의병을 일으켜 사림의 바람에 부응하여 주십시오 운운."

---

3 양달사의 형인 달수의 호다.

4 양달사의 4종제인 송천 양응정(梁應鼎, 1519-1581)은 양달사보다 한 살 어린 4종형제로, 학포의 밑에서 양달수, 양달사, 양달해, 양달초 등과 함께 수학하였다. 1540년 생원시와 1556년에 장원을 한 인물로, 양달사와 가장 막역한 관계였던 것으로 보인다.

5 『송천선생유집권4』를 보면, "答宗兄參奉達洙書乙卯(을묘년에 달수종형님께 답글을 드립니다.)"라는 글이 있는데, 송천 후손들이 이 글을 보고 양달수, 양달사 등이 송천의 말을 듣고 의병에 나섰다고 얘기하고 있다. 하지만 이 글은 종형 달수의 편지에 대한 답서이다. 이 글을 자세히 음미해 보면 양달사가 이미 의병을 모으고 있는 것을 보고, 집안을 걱정하여 당시 전라도사(?)로 나주에 와 있던 송천에게 "상중에 전장에 나가는 것은 예의가 아닌 것 같은데, 동생이 창의를 하겠다고 하니 어쩌면 좋겠는가"라는 뜻으로 의견을 물었고, 송천은 이에 대해 "부모와 임금은 일체이니 양달사 형님처럼 의병에 나서는 것이 좋다고 봅니다"라는 뜻의 답서를 보내온 것이다. 여기에 적힌 글은 송천의 답서를 요약한 글이다.

德齋公事蹟

四從弟 松川公答書畧曰

海寇之變一至此哉靈海爲直衝要害之地而昇平日久民不知兵倉卒間罔知所措以
若伯仲季之賢辦得一死之義卽凡有血氣者亦爲之先後豈勝欽歎
朝廷之遣特討平括嬉特久則虜酋之行恐難防禦豈以
衰麻在身經權於其間哉起復之義想已講磨於平昔而忠孝一體夫孰曰不可愚見如
此幸須不留晞刻一振義旅以慰士林之望云云

남암공 양달사 사적(事蹟) 원본

戊戌二月　日朦校

南巖公事蹟

凧湖亭

吾鄉梁丈南巖公名達迥遒豫其孝齊州人也父諱承祖可偉□□□主簿母清
州辦氏夢瓷瓶後目出山有老人獲巖蹟一軏似如有娠生公於望遠私第時
此德改留迥生而波哭家儀魁偉呉後号以南巖蓋取諸夢中事也孝友眼於
天性弱略又絶人析卯志學與伯□參奉公達豫第參奉公達邂
發業於三従叔學圍門而階心於性理之學余參饋學圍備開嘗時同導者
識方䠓公以万貢命名之義云公官於一日檎卷勒日古人有安用毛錐子之說是
此一道巳遒授掌執射丁夏武科暑中重試補金羅兵水兩營虞侯民歡
委勁鎮海南縣監嘉靖三十四年乙卯春倭艓存餘夏八冦金羅道先陷南
達梁湯海列晃䡾到香風靡兵為使元領長興縣監蟹經戰之磃巖即尊
孝德堅州牌長䡾封永之荐食執餘窧之朝迂祥孝後慶與郡元師人舍䡾錫南
致㪯庶有仿㪯氷使賦執兾羅列官軍亦逮曾觀脣丁寍時此公丁內艱在家思
惘慨流游曰列題之奇㴾巳無可直而官軍之擇禦如後長備始武爰曰此

將余何遭境失身國憂方殷居觀一體吾黨杓於體則而惄然坐視乎村前

有一大江狀剄徒跡入空城中詔父老習以救為工書我將弩死一戰公云

智勇素為一郡人雅服父老戚曰諸子第丁壯者聞而樂赴公曰後豪我勇

非出奇乘隙不可遂康倡優數十輩張有戚陳便聖見虜詩戚指黙羽顧

欧笑析公寘彼死人妝百潛從遲砲戚徒後出不意叫喊襲擊倡優軍冀

石搏之城中老少又鼓噪從之一時所屬皆可如其妝公布役十餘創收與

小憨餘隆又得未公且戰且退息臨淨泥而公烏鬃拔虜將復踏戚飛翔

遣擊公姚身避之烏中而仆意入城借乘於茅户外天樞豪諸虜至游泥處

俠為輕步閃過戚疾未顯後盡陷游泥囬覓奮佇一翔戚盡停近惡族之修

又叫見儲至公與餘合戰左右防禦始乃乃去豪乘大捷事太公告人

曰起復從戎非由 君命代勞邀賞吾術祇心遂還家身别如初元師兩上

諸將功論賞各有差勿防禦景賜致勳軰為元功卻不及於公嘆噫介予雄

立邦無功紀閒甲乙丙三所之公戰之下余寧仔節西嘆惜意吾鄉南巖

公延復敕慨首建元機之功而復武景競董里而視愛末乃固人咸書懷義
冒當使首倡元勳意至懷浸之地憶嘻痛武人忽為愛夫世道之不公至於此
極乎直欲索權新蒼穹而不得見吾鄉之人莫不為公齎咨於悒日鄉徼槊
吾吾憂具盡魚冤石所謂有童哇，有女婧，伊誰之力兩土之謎公德公
冤非直心吾一厀而已天監孔昭宣疾冥報之理惜字公於乃即後聞二年
巴午緩前日劉壽依搜而半此巴立懼扂臭武年乃四十一配先山金氏安
誰女不育虛子長連次哲女三人累緣變亂同户袁替有能鳴屬冤發此光
之人宇卯特惟丁林公議而已余於公少一男十有二歲先後進雖珠屋生
姿邁肝相照光公之徒權傷義首偕毓醒之萝余所習聞心服者署記期
末俟立言之君子蓋公之姶為詹勇戰陣一勳揮罷有毅然有烈丈夫氣
儓終為大膊取高纖黑歎退者温然有土君子風味此非兒孝氣盡而文武
荊用為宇是雖且篤之美列幼年學問之力亦不可誣也乃加之人永之凶
樸布淅罕闗忘曾好義君子場貴登 聞慶蒙 天思親 其顥食夫雜曰

不可嘆嘻以公之之行之德夫豈表後世之子孫也耶

嘉靖乙卯後七十八年仲春錦城后人林埏 泰奉 目濤

梁海南南嵓巖公行蹟

遺事

公諱達泗字道源號南巖系出耽羅高祖直長同正思濟自錦城始居靈巖

曾祖監役號興孝祖生員號孝司僕寺正主簿承祖但有醇德懿行爲名南土

公生於正德戊寅幼有異質勇力膂畧絶出爲善於御以心學其術乞於奉公

達 諸兄 淶受業於三從叔學圃門初潛心性理之學稍長以善事親爲鄉里所稱慷

慨有氣節每自許身殉國之志二十登 中廟朝丁酉武科繼捷重試歷咸

鏡鏡城察訪全羅兵水兩營虞候鎭海縣監蔚有聲績後以海南縣監丁母

艱居廬時嘉靖乙卯也倭奴大擧由海道犯 上國寇掠福建等地爲防海

諸帥所敗而遁欲還擄於本國潛犯入靈巖界泊于古達梁賊既登陸勢益

熾不可當兵使元績先敗而退長興縣監韓蘊力戰而死靈巖郡

李德堅投降於賊當是對峙國身淪一路工部右侍郎為賊衝軍後即最
劇勾連梁有主之間盡為賊穴倭酋屯撼城東鄉夜縱兵四出大肆殺掠有
長驅北上之勢東身李公陵慶以郡無師留陣罹州防禦使南發勤金景鎬
等而劉兵近地見賊勢張莫散翠具辭者公聞賊報日愈慷慨經界入城中
趙一體巳當主辱臣死之日烏可拘於禮則不赴國難寧遂墨絰入城中
父老雄為盟主公曰若万來虜出奇襲以濟勝乞得優拿綠服藏花拿來
石戍於賊陣臨視迎賊酋見而喜之崔躍嗔笑公峴具無備觀壯舉數百
人從鄉殺後烟一齊唱賊禽刀掩仵而倡翠勾搏之城中鼓譟從之牧苐
賊徒一哄屍滅公亦被刀餘劍故兵小愁鋒倭秉憤遣未公且戰且退馬猶
於尸中公一手執兵彰捿此將騎追倭飛列行之公跳身僅避
馬出具副失逾還此中倡其能逃戰賊徒望見附罵而追
之公伴敗走詣引於無水泥泥迅狹為輕其閃過石去賊弁力頸來盡陷於
泥泥公用身舍伴一觭盡殲於是倭奴之裒掠旁近者閱風畏濟左右防禦

兵未嘗連戰殺敵無算事既年公還家丁卯初人有語及子倭事輒引起

復從戎非由　君命徒功邀賞吾所恥心後三年戊年竟以劍毒病殁年幾

四十一鄉人流涕行路嗟嘆曰鄉非梁公吾屬具魚矣蓋自有倭寇以來

有如乙卯湖南之捷皆非公挺身自衛以挫其銳列雖有元師防禦之兵

安能辦具金賜之功健兒嗣不逆戎然而乙卯之捷也皆稱南李之功而公

不興焉壽以公之謙退方居而子孫零替也代履遠待並其事而泯焉豈

不可憫也已嘗按李壽江詩載南州驛樓詩有小序云乙卯倭受具自

久詩特多失律使後人有詩此市一詩支也仿盡錄原詩十八句中百有功

達知敢何歲嘗聊不期公道滅之語蓋公之首建大功而未蒞　壞菅心

又撰本邑誌曰羅達知為人頗慷聲力迪人乙卯倭支列邑奔潰本郡被圍

成蔽將公殺可瓠賊南士賴安公取具脈麻從戎敢功元卯復敢盧次即此

牧語而可易大驚哭郷之鄉枝以公之誠倭污穢廷亂空後務違城四至

公改有昇之後頻牧持照鄉後田疲而語曰此邱海南敵倭迫巳指前福堆

頃逃歸言曰此與溫南議倭迟已騎幸念乙卯之倭兵初陸梁之勢不下也

壬辰釜山之戰徜乘公鑒迂冒日以撫其勢安知其孝食之禍不如壬辰之

無襴八駁卽且使壬辰苟有如公育先屠釜山之戰過其由峰雛慶如秀吉

悍如行長而安飽吞據兩南焚掠二京如彼之毒宇由此觀之公之殱俊不

徒全保一道之止蠻其許國赴難之忠卽壬辰諸賢殉國之心苟功又過焉

石獨具 獲閔寔恩上下得並列於高報討金倡義諸公下不及瞿壺惟政

諸僧猶尙之穫切豈不喟武南郷多立異界別其事於道伯及邑宰終始不倦而

可旦公議之不泯於百世卽公之七世傍孫迪河以其家東勦余於松園田

舍日名祖之貞忠諫諸可以垂百世而無愧而特以後孫不肖竟萬得上卯

天門養開於 繼傾之下又未能謁文於立言君子以圖不朽翻于爲叙迪

爲顧余郷人也自毀造習聞其事於先輩長者郷之得免非莂承長蛇之

禍首予把孫於故石戴之後有同非黍以之蠋心不敢以不文辭遂掇其

畧如右云

崇禎三丁酉居馬人慎師浚　謹識

通訓大夫海內縣監梁公行狀

歸誠梁子迪酒有將具傍祖海內公遺事勒知來曰吾傍祖之功之義不可泯没
義托不朽之文于本菴金先生貝文未成先生丙辰棄世謹從老成之門刑
敢以行狀為諸唔然顛曰吾先師凡於名義揄之揚之惟恐不及龙者
於閒巷出潛句婦於公受具托而文未及焉在先師淤為市子之棠余敢以
非具人豈方於是隆居公之遺事生謹述四序道源嗣向嚴君氏宗出肥羅
君主氏乙卿逵墨麗朝世窓冃管綾為世大旗高祖同正恩齊曾祖監後興孝
世居羅州始發賤嚴祖生貝成秀可懐寺主篒河成祖但有醇德慰行著名南
上母邯氏嚂薄卷郡俊月出山有老人擾嚴贈一覽仍有烘正德當南主公
于懷晨北迴望逵里鈞有景姿孝岀天早夫訥怡事母毎心養鄕里播之幻
待文業松三級叔學屬公之門巨知焉巳焉人之學姓伉慨有大志兪力絶

倫乃署君過人嘗於一日撿卷晚慕歡日百人有妥用毛雛子之就是一道

巴遂投筆執弓重於弓馬搶劍之技矍不逼曉二十歲登武相郎二年鄉薦

甲廟朝巴歷輸城察訪鎮海縣監全羅兵水陶營虞侯而蒞俱有舜績二十

九歲又捷重試三十四歲陳海內縣監丁母憂還鄉居盧郎　嘉靖　己

卯巴時修腹大舉入冠是謂本郡古達梁本郡守李德聖降于賊矗城

東鄉夜縱兵四署大肆虜殺兵為使之續長具縣監郡監力戰而死沿路營

鎮望風奔潰及放櫻具舜郡之即步後慶防禦使南發勤金景懷兵不

勤公力搞則往家慨然流涕曰君親一體拘於守剮怒祖圓雖義方思巴遂

是緣入城報諸父老曰空妣令妻術鉤何以藥賊以我工曹當有破賊之術

公未泰遂一郡所推服郡從之公曰以少仵夥其如東虛出奇逆夢丁壯募

方器乏之使花鄉從俊脹獲花葦俱張百戲於賦庫臨視近賊見而喜之崔躍

嗚笑公既與無傳親章壯士牧為人歛鄉敦役岠一齊叫喊奮搶行倡優

翼乜搞之城中老頹敲葦從之前屠殺惠家公亦被數千劉友兵搶慾賊

復合追之公且戰且過為賊所流中公一手執為尾一手執為縈援而得復
騎追倭擲劒戈中公挺身而避作勢躍公入城視踊而出城賊激屍而去賊
望見公來又呌罵而追之公佯敗而誘致於淤泥迅出狀島輕步閣過而去賊
備力翊追盡陷淤泥中公回身奮佯一劒盡麾於是賊之傷近易顙有倒風
皆潰先師六繼墨合任盡麾之究率公罵守劒如初人有語及賊倭之績
則必曰起復從式竟非 君命代勞邀賓吾所恥已居數歲以八午十一月
二才四平事年四十一公配芝山金此忠烈衛安祉女不育倒童有二男三
女長四連次日贄道德郎女長正郎慎彥慶娄餘不記嘆畢甚嚴之役賊
勢充斥列陣風靡元帥逶迤出死之機迫在朝夕公不忍生靈之塗炭以取義
於經權之問蓋出於忠不得己之舉而其來慮出奇以寡擊象虛象偉
有若名將謂畧而苹身尺翔矬後金彩使左軍不遷者伊誰之功也其忠義
功後如彼具卓世矣蘭為付金勞公所顥美為公終身瘵狀　襄陽貢不及具
謙退不伐以爪長蹟非商於一　其能之子余作寧錦城　非公鄉安康也

公之後已較有年而邑人流傳其說者尚苦嗟恨能憶曰吾鄉之賴有今日矣

梁公之力也行者之過其塘者皆指點曰此梁海內勝戰此一道士論愈

久而愈驚列其事而寶嶺于道俾邑寧以謝其表彰至今不倦則百世之下

所以取證者只尋清江詩話向州驛壁上詩本邑誌所載寥寥數行文字

公議之不厌有如是夫而國象無少愧見又無芟筆大書特書歸張後人之

則戎東文獻之殘墓寥不愧然金南之功覽履于一時而已若公則邑人誦

之過若痛之其為悟之連導景續闡明之不已其視南金諸公得失顯晦亦

可同日而語矣賠寧任世道為不能轉關于朝得樹

列鐘撤其遺事之大器以俟立言之君子云爾

咸□丁巳夏通判大夫羅州收使任愭撰

通判大夫□縣監梁公善政銘

今故明廷迎□孝道惡藥俄爾此聰羅星金卞乙郡自羅麗遠　本朝世靜事婺綠

232

焦潤司天始高祖諱思齊司正曾祖諱聰監役自羅州聊居靈殿祖諱沙
成侗出身衮諱承祖可僕寺主簿得以德行有狂譽毋韓氏常夢登卻後月
出山有老人擲石濁一躍仍有娠正德戊申生今于寶城此回望遠更幼有
與姿秀爽山天昊所恃事毋志養憐禰之幼時爰崇於三挺叔學聞公
上明已然已為人之學姓懷愧有大志勇力絕倫智署過人常於十日掩
苍晚然難曰右人有窒用毛罪子之讀其示一道巳遂投筆軌翻 嘉靖丙
申袋武刑判片二十一歷成歡階城兩驛詩鎮海縣監全羅兵水兩營虞
侯所後成有藥續其住于內者不得詳為年二十九又捷重試三十四 陳
海南縣監置此復居盧卯 嘉靖之即藏凡于時倭叛入冠先陷古事梁顆將
肅溺孝之不鄙寺李德堅出降于戎 屯城東鄉校大肆毅掠兵烏使元績
足此縣監既戰死列已堂鎮望鳳命濟都之卧孝凌慶石石歷禦使南致
勤愈業視挍兵死有此上之執公慨然 曰君親一程豈可守能擢制而
恩起 劉從遠墓至裝入戒中蘇於父志曰吾成痰將鉤何以莫救敵戎以我

爲撤書公素爲一鄕所推服諸凝之公曰 以少行衆莫如衆居出奇乃使偶
傀數十箄穿綵服簇花笠張旗於賊倭瞻覩處賊見之果喜而雀躍爭相
喧笑公覘其無備親率丁壯數百人潛從鄕校後峴一齊吶喊奮力掩擊偶
傀嬰而搏之城中老弱鼓譟從之所虜戮不可勝計公亦被數十創收兵反衣
懟論退屯倭復合踵來公且戰且退爲陷於淤泥中公一手執馬尾一手執
馬鬣極之而將復騎賊飛劍遂仆之公則跳身而避之馬中而斃公入城複
騎而出賊聚尸以之望見之公叫罵而復追之公佯敗而走敵從淤泥隱身
下而伏而閃過賊併力齊追盡陷於淤泥中公則身奮擊盡殪之旁近屯倭
又繼至與賊合左右防禦使乃始乘勝連戰殲殺殆盡事既平公曰賊復從
一戍非由 君命代兒邀賞吾實恥之還家穿劍口不出一言之卽上戰功錦
及於公公則病倒及越三年戊午設寅十二月二十日得年纔四十一鄕人
皆亦嗟吾而稱冤其時南州驛樓有人題詩曰有功違酒敗何處賞而罰不明
公遺戒文有小序乙卯倭變出於昇平之日諸將多失律云云 此載於李清

社詩話又邑誌載乙卯倭變本邦被圍城之備公設奇殲賊有功賴以云々

蓋傷功敗他人而自爾賞矣及也嗚呼公忠義功烈如彼其卓而終身喫然以

況現迹非常於人牧考其能之寧然而公議之在世如水之在地勢之所壓

鐘有一時之壅過畢竟不可得以壅之也不可得以過之也非但驛樓之詩

本邑之誌如是如己後人過鄉坡田堀考其可指黙而曰此梁海內殲倭處

也過此泥考有不唶嘆而曰此梁海內誘倭殲倭處也邑之詩其事考皆

曰吾鄉之賴有今日伊誰之功至於一道士論愈久愈麁歸張其事身齊籲

于道德邑寧前後有己會議之終不可以壅過此可見吳然列一時之顯可

世之嗨也一時之壓百世之伸也以此較後執崇執辱公靈有知想必無憾

無徴於九泉之下而公議之可畏天理之不成為有如是也夫大公墓在本郡

北二遷祖考之原夫人光山金氏思傾衛安祉女吳公望同岡其墉側室

有二男三女長曰連泰奉次曰趙通德郡女司諫順彦慶妻次誼義應監金

妻次會寧府高□□□譚妻公歿後二男餘年公之七代傍孫迪河持通

大□□妻□□□□□□

進以僧環繞後通文及羅州住於便處燔所焚狀其蘭尤甚基之文且曰寧棄相之

李葉加是之偉而以愛子孫之故尚令泯沒而不章其圖蘭楊之万余辭

以不又通河之戀愈切不忍終辭遂為之勒名曰

嗚呼茲惟海司縣監梁公之藏後人数业根牧勿傷

僉祺紀元後三戊午姜大夫禮曹叅判氣成均舘大司成回知春秋舘事

元子宮左副諭善海平后人尹得孚撰

梁海司忠嚴公傳

嘉靖三十四年乙卯春倭艘六十餘隻入冦全羅道沿海先陷達梁列邑嘗

熊竄風劣殘兵高使之績長興縣監戰亦先潰嚴劤守李德堅降朝廷

拊李俊慶為都食景戰節之帥食景戰節為左右防禦景鵬光盧嚴殘城外臺

觀此息其戰斬賀三相翰級致勤過戰羅俩連戰政之事戴春坡日月歸一

而必型嚴之逆遊盆専收功於累錫等关近為聞南士之言咸曰見戰已梁海司

達州醫俞義立動鄉人無果焉余曰有可以為據者存字以呈文於前後道
臣為宋之曰是雖連章累牘乃向壁之所孤詣以非公家延孚思又以郡詩載
為壽曰是則固似可信矣尚亦具夫勝覽之已入禪者也曰李清江詩話載此
南州驛壁詩有小序云乙卯湖間倭變鼎革日久諸將矣人有詩此
亦一詩史巳因畫輒原詩于八句如中有有功達河故何處當罰方朔公逍
城壽詔此末足為證字曰唯清江君子人也顧非詩家閣諸文獻之足徵
其不在斯于遂取郡進士填師波州近遺事而讀之蓋得其詳盖此是時
特母脈往家聞變之夕慨然流涕曰賊勢隆梁官軍長不遇導慎矢身國憂
閟頹君親一体也是烏可狗北體則石怨然迫之于墨衰入城諸父老曰以我
為功當父老如其言公素為一郡所雅服及見子弟丁壯皆開闔屬公曰以
募徒家頃如寡意出商乃使倡優數十輩身緣服箕施等服於賊陣臨
徂処賊象望見淮羅諠笑公率敢死人數百潛從驛塊出一齊吶喊不意襲
作倡優數虜楠之威中老少鼓噪從之所毒職公亦被十餘劍攷

兵小想餘倭埋來公且戰且退烏偷渡沱中公一手軏其槃一手軏其髮將

出得復騎追遙知遙行公貌身而避遙中烏急入城信乘於礮戶外天橋

賊望見公再未呼罵追之公佯收而走過於沱狹烏輕其閒過賊疫殺後盡

儀縱沱回身奮行一翔以慶之曼追匪療者繼至與餘家復合戶兵

始力棄勝連戰瓲殺殆盡事平公告人曰起復弑武非田君命伐罪邀賞

吾非肌心遙還家子制如初之帥府上諸傳功論當各有差師不及於公至

于丁巳年縱四十一而卒歛其不賣著於邑曰句非梁么吾属其更英鄉服

山荘廓城東門外賊屯居于此亂竟後移連城西為魏血污地巴後人過其

驅步必結點曰此梁海方礮戰處噬岣內士之至今傳道唁旦沈勳弔木臺壽司

見石也下今議而目賴之變次慨旦良由句金之掠義為坤尻旦達梁鎮

將孝願之殉節至黨 朗家旋贈而市不具元勳諸人首補烏野棄之殊晷

間多艱遠岩公之退遙自戰以祝其頒者見兩於後人之謰肇宜武公子遙

原鄰肖嵗敗飛罷星主良乙卯之後自羅德還遙庫朝也聲于饗倔為湖凡秀位

不居以沒其遺實亦聞大樹將軍之風歟嗚呼亦可哀矣

嘉靖乙卯後之百三十四年 仲春 今義 李墨敬 述

通訓大夫梁[illegible][illegible]南巖公墓碣銘

爲之繫曰勞而不伐有功不德謙之義大夫蓋當 國家鞏廣之隆奮忠慨義敵王所愾臣子之常職也及夫事濟而斂退不有其功者是君子之所難而自古名帥勇士鮮有能之者昔在嘉靖乙卯倭奴大舉由海道侵陵上國又潛入我境泊于靈岩古達梁既登陸勢益鴟張沿邊諸郡多被陷沒兵使元績戰而死郡守李德堅降于賊海堧百里之內賊壘相望而靈岩爲賊巢穴被剽滋甚賊擾鄉城東而屯縱兵四掠有長驅北上之勢朝野以爲憂本郡人梁公達泗方持母憂在家慨然而曰君親一体也今當 主憂之日也々守制而不赴難可謂忠乎遂墨衰入城郡人素服公忠義推以爲盟主公召募丁壯寄授方略且以爲彼衆我寡鬪勝莫如出奇兵乃使倡優絲

服張皷賊果見之讙笑公覘其無備也帥壯丁數百人躍馬先之繼後幾等
城中鼓譟從賊五六萬衆勦滅殆盡公亦被數十創控將兵懲賊收聚兵趕至
公且戰且退佯爲敗走誘賊於旅沆中一皷盡殲於是都元帥李俊慶防禦
使南致勤以兵繼至賊望風駭潰難逆牵既罷兵公乃還朝廷論功有差
而公不以爲人哉以爲慊公怡然曰憂服從戎非由 君命曜功希賞吾所
不爲也終無戚微色於言辭顏面也爲我營乙卯之捷奏聞 天朝當時
賊勢之倡獗可知矣公務爲忠制罔經權首先赴難一戰而立挫其鋒使
大兵皷而辦其全勝之功可爲偉矣然此猶公職分之所當爲耳若其讓功
不居爵賞不及而無愠色而不賢而能之乎易所云不伐不德公寔有焉公
字道源號而巖系出耽羅以星主襲乙卯爲始祖曾祖興孝監役祖泌生員
考承祖主簿世有德行配鄭氏生三男一女長曰達泳參奉次曰達洄縣監
王[redacted]產務參奉女文世豪縣監公生於正德戊寅卒於嘉靖戊午享年四十
一幼有異質勇智絶人稍長以孝友聞丁酉登武科甲辰擢重試官職踐歷之

献兼徵於外為成歡輸誠道來防金羅永軍屯屯後鎮海〇司膝歉所至〇〇
〇領莲在同郡北二進列其〇原祀光山金氏其公同尚易墙倒壹二〇三
女呈連荘奉垃通德節少不歸享守于咸豐與公鄉迎公之崇孫迎河凡運
明而隨日吾祖之所樹立如後其身〜而袭西不加已代侵逮其蹟文修況
矣將樹莲前以微諸後頒績一言之真慶今志公之世且故有年世之和
公扌盖雖笑不倭常陳彦有江湖從商鼠巾川醉聖上讃有首功處酒
改何處賞罰不明以道誠此可見當時从泯之將蒲而亦可以論詳未後凡
遂為之銘曰
禩昔 中廣島素烏患因食衷祿守侯奉衾有浮公衾照歐思或單身及
釣起自草土以募例家如帰如藝峒魅海城所腦塗屯樓撮皂如內斐
以紓含不自有将憂如初因人濟爭之帥防禦殊門丹毅傘厥以脅枕嘗
之四方又肯功況柯終身卖有於公教所雜讔今愈柳捐家所埘厥公剜
爰唱公曰起復豊體之兄衔功徵嘗吾棠𣸹之樹功井雖諫之曰咠碣云

不公應變傀寒燹母德風人有詩我孫其辭來世踞坐

宗禎紀後元三甲子通剖大夫前行弘文韶即夜理氣經逡待讀官眷求

鍋記事官架裂　教海州吳淵常　撰

書致縣監梁公事縣後

嗚呼此故縣監梁公諱達迴藏倭事頤一逾巳今雖嘉靖乙卯恰為二月

有五十年而南州之人雖椎童轅夫皆能指熟識以為之髮鑒壆壆勇士大夫

道其事嘖之不雖口語反义之生爱賞况變衰瓴悽愧歐歎拢腕無不此果

孰使之然豈非忠義之感人為深而公議之在世愈久而愈宗哉郉喟含

自戈苦事親以孝子名於鄉里其居憂巳造次顛沛之必於禮可知巳一朝

舊然揮淚石去擇衾經及干戈持刦佈之突躁驟觀之巫者是豈得巳巳武

其心亦如國雖之不忘蓁越生罹之不忍真句而巳無一毫苟而徼賞

之念余猪於其詞敖及其部將膽幾獲人全壇場則歠可投戈亟反喪眠盡

世之功勳石若無傳依舊是日不言非義足不出廬外之堂。為孝子
之容身蓋其出而從式八而身則一此於天理民彝之正而邪音起復汨其
斯而不悔為誠意則怛可質神明具邑之好為飾讓者方可同日語邑然則
勳勞子曰無所為而為考義心有所為而為考者為勳天
幕庸上功之下及今方嘗亦感公之誠成公之美而不專出於揜石標之為
子曰事親孝故忠可移於君公其移考而為忠者勳嘆公之思獨可能邑豈
孝不可及邑若從知其勞而不代之為忠而不知其權而正之為孝
列求廷以詢論公邑嗚呼世衰教弛遲居後親而邑切割是憂心考病邑
若公之忠孝民郡不有以表章之為人臣子將何勸為詫曰抗大難則龍之
若公者早宜列於祀典尚何棹楔之足靳而仕抹討之貴者運不以聞於
朝人情妥得不齟邑然唯其如延邑故婦獨之論公愈不眾土林墓公齲愈
不設月此之石不爛建梁之海不枯則公之若將具之畎極百世公歲其在
斯。嫡姒公之旁孫迪、河氏神此考余請藏具燹余准諸石惠而為志此置事於

掉公辭除遠顧余謏涉何茲教育為隨愈同而群不復則遂書此而歸之

崇禎後三甲子伊秋上澣通訓大夫前弘文館副校理知製教兼

讀官春秋館記注官西學取授李鳳來識

梁海南巖記蹟文

伊荸烏虎關瓷甃東周將失險列越通烘時有梁公古將道風豐裹雖我移

孝為忠衛蘇設奇慮樹膺功乘城張戱竿綿紅綾沖輕身運覃雲彩內泯

再㳂鄭醜唳空役成甄府時多多勁雄功微王鏨思監弘弓桃李裹意點低辰

楓村方㳂侯樹漢代九戎覰福花鄉學踣覺童城實尚綺野渡沈融行人指

熙口硏獨豐良史茂人野莳傳公弓廿義士亦有于高卓夷清江文章顯工

泉炙溏揮獨君紗籠人臣盡戱武夏或能青海西山易地則同漢青唐哉不

在殉弱隱役末俗好惡畢中功奚鼎殞記死兔金輕加重方寸齊崇時四右

文用曰聰有世有待公議乃通余聞有徵紹述諸翁南湖義銶眧我臣曹公

歲辛酉仲春日錦城林祐顗

梁海南行署俊序

南巖梁公諱達迴字道源正德改元黃生于靈巖郡望連里公以閩巴崇俊有
俊有思孝天嗣而重今二有餘耳尚亦漿崇報之恩心南卅之人莫不嘆惜予
市聞先華之言嘗有聲蘂之心矣公之偉孫迪河耑諸序文予閲其諸狀文
孚蓋辭其事實而諸賢之所以闡發幽潛之光者無復餘蘊可謂深知而善
言之巳予何敢殿屬庼侲麂有所感又豈可無一言于逺爲之誌曰人之生
也性本善而不善者何巳私欲諸之巳凡頟狁之有曾於性善者貪賤
之居仁巳殘忍之居義巳此非心中之凶賊于诗人省當爲歟而巳岩者巳
苟有剛明君子去其心賊而復其本性剥爲孝爲忠何從而不善于然則易
於從善臨乿剸歔而不伐具功者無人欲所歔可知矣会天賚吳武俊傳勰

悟絕倫幼年與伯兄榮睪公產洙薇睪公達海旅睪公產礎受業於族叔學

圃之門已知小學之道早習六藝之教操行高潔物欲溪然至誠事親以孝

于閭於鄉黨習通人豪葵荒越立志之高之商勵節之確圃已卓然不群炎年二

十登武科歷楊中外到慶清幻蔚有治績譽垂日播衆對以處大期之是而

夸日養心寡欲之效也歟 嘉靖乙卯不華有倭艾出威溢天所勾勾縣鹽

殘荼臨列賊莫抗万條州死兵出蟀至於胡州搶殘葵掠生民魚肉此死之

遭毋夏持制往家公不勝憂憤然呼深習吾以王臣雖在平時尚領報效

況此國家危急之陟宇若以圖生為孝守酬為賢是宜義也武遂與伯已

錦弟墨衰入賊中倡義募兵鄉人間風響應公伏甄奮行為土卒芒葵謀出

奇變化如神以少敵衆大破倭陣所屠戳惡象身亦被于儔剿義兵之盡先

力戰賊壽皆是公英風義烈之所激也倭賊之勤宗之大推世役元卹兵餉起

合行盡廛之可諧傾風而呼也圃清腥坐招傑遺葵更貧南顧之憂曹是雖

之力也元帥上戚功卿不及於公竟爲策勳冠賚之典而公夷然不以為意
還家守制如初噐之晦之藏戶外之迹人有語及平倭之績則必曰起復從
戎既非　君命代勞邀賞皆甚恥之也此可見至誠惻怛之意也以劉瘟呻
唫居牧歲辛亥年四十一嗚呼自古篤於忠孝世不乏人則公之忠與孝殆
有其倫矣惟其有大功於國家有大德於閭民而歛而若虛泯其迹而不愠
者若非精白介潔純德無欲之君子何以能之噫公當此亂世既無守身
又非平人居廬守喪以保軀命亦非畏事且雖起復赴亂而惟當傳檄列邑
倡義聚軍並力併倭則豈有危險沉迫之事乎令乃以單身尺劍提孤單直
搗賊帥之窟不顧成敗殫盡心力衝冒矢石出百死得一生誠以急於為國
討賊不欲暫時遲回者一出於天理民彝之正寧有一毫爭先邀利之私乎
以公雄毅之力清峻之氣若得大用於世使其請三軍而當一面展布其智
勇則其功業之成豈易量哉然而生而無奬援之恩沒而無褒贈之典豈
不重可悲也耶長使英雄淚滿巾不獨吉誥萬之一人而已嗚呼世間有位有

諡無功可記無德可稱者衆人固商金謚人因人濟事論而謚耀於

一世而曾未我何憾無聞焉惟商巖公別不然當時雖越府衆之美而商

中士民至今頌揚久而不已又得搢紳名流所嘗修之以文極其讚述公之

功行盍重於世公之聲名蓋顯於後是可以百也不朽也古人所謂文章之

榮重於爵賞者豈不信者武光明之球沉水不渝天下之理久盍必申晏知

若公者雖出於前也而後必大神於今日于蘭揚潛德固無盍於百世以上

之忠臣表章之盛列必有感於百也以下之義士姐豆之禮當為士班之崇奉

馳鶩之曲藁為朝家之美壽盍君子尚有以登閫而瓷揮之此非爽豪煥毋

德之人心宇扶腸風義以振閫服衰徵之家而亦可以為柔世之勸也武

通訓大夫弘文館校理知製　教兼　經筵侍讀官春秋館記注官

幸州奇尊敬　謹撰

248

本邑儒生等本郡太守書

幼學孫禎等謹齋沐上書于城主閣下伏以臣之事君苟利國則雖身在憂
服當進敭而効忠國之侍臣果有功則雖事在久遠必褒奨勿懷慮如或谷
其紳棬之不頗井當日扐以於義之東行於朝名不信則當議不頗
與所當褒則是有己二公議也具何以勸人之為善而敵王之所懷也武竊
惟故海南縣監梁南嚴公達泗本郡人也興勇力智慧義忠膽有古名將風
弓馬劍鈒之技特其餘事也一中廟朝擢武科繼捷重試初拜廣侯惡踐歷
海縣監其後又除海南縣監莅職三年丁母表還郷是歲 嘉靖乙卯 明
廟十年心倭冠大擧渡海䧹陸於本郡地名達梁敗勢充斤舉國騷擾當時
本道兵馬使元績之為敗役長興府使聲蘊乙戰死而石水使金贇珍島郡
守崔潾滿壞浮燃監武䕺城而走或空頭石庭武脫身而迲本郡守李
德堅投降於賊光州牧使李希孫據立不敢郡元帥李覐慶壘壁歸城自達
梁重郡城有餘之間旬無天羊之窟而北㲄結陣於城東郷授虞劉戎民㞑

抄掠戎財貨而列頭之情緊無出奇計卻敵有違迴擊壞心思心憶激烈哀聞

甬一路之羅完宿苟此義云之無一旬念守適於衣從戎雖非其時而見賊

心君父之所憂是邦邑立墓之所養義當出死力以綿國憂棍程塵以清哉

訪父老曰地主俯哉民無統一如以戎為座首列當有所設施吳鄉人素順

我邦然後守吾廬終吾別是而臣子之職分遂畢吳策吳為馳入城中謀

使賊急心莫如設奇攻乃今心腹數廿人遍行境內招募丁壯聚丁人授密

計約以平旦先使花郎倡優華盛服飾綵綾多立華幸於賊陣臨視嚴俱張有

戲倭人駭見而喜之皆望城東觀崔躍娛笑達迴睨吳無備親寧壯士數有

人從城越郊投嶺一聲吶喊哭大奮仔乃花郎華翼西搏之城中又鼓噪

從之五之萬賊廷一時屬賊始畫達迴雖大獲全勝身亦被創賊亦疫憊欲

聲遁少懇之際徐徐救有備其盡死望兒達迴恩欲口心并力追之達迴田

焉迴馳七八丈稱於澌泥中卽下島一手執吳尾一手執吳鞶挼出欲騎之
250

除追倭戟及阻於遊泥飛翅而逼於馬腳連迴回身藏之馳馬前進亦念

烏既劍笑用武無地曹見而湖朴萬戶天樞家有駿馬毫且近可借騎以遂

此夏輪之功遂見徑外萬戶得其馬更匄獄賊之則所追倭軟百凸收其所

收軟群覘望見達迥叉追之達迴僅敗凸走讒引水盡水於泥泥之中挾馬輕

芟閉迥具廬而去則追倭不知凸一齊匄前盡腦於泥泥中達迥復回挾劍

茇夷斬代敗百而一銜震食盡是向方以尋詰鎮罷兵夫以達迥之所樹立

者規之則其憂國志身倡義赴敵之大斷凸如此步奇難賊以少行象之雄

學凸如此草槍丕焉當敵百万之壯勇凸如此列頭風靡師任無限之偉功

凸如此其雨虜隸之典斫不及於其身為盡以自詰元帥幕上功要賞為樂

人善成事而列頭之従壁上觀為恥已之無功復不以閒敗朝迋莫之知

也達迥惟以快遂初討復歸廬次為幸而不代豐功軟軻終身真所圖貴亦

也如此峩為寶不誠大丈夫武我之名得其有彷彿於此者予丑忠也列其志凸

僕溪為寶不誠大丈夫武我之名得其有彷彿於此者予丑忠也列其志凸

梁磊落脫咧而國象之崇特大砇贈衆於生前死後得至於名垣

設不痛悲夫當時事誰以可證者明之那邑鄉彼初為倭賊所據又經遠迎
之屠戮戰堪鄰儒以乃瞠塵所染臧骨所瘞即將聖殿于城西而眠俗相傳
過此地感補梁海寇戰勝之地或補以及鄉校暴到于今一再七十餘年而
不變為又見清江景詩話曰乙卯湖南倭變異日久諸將多失律後人有
詩此詩云一詩吏也其詩曰長興民若喪考姚只是韓公政術仁不求飲食
光牧因卻走當裂水使身起資李尸矢夫遷職逞偉及諸臣監可奈何眛
圖策防禦胡為嗜殺人元帥歸誠堅退坐御發申路放逸迅有功達泗故何
迅後資恵真德康棄城彦誠豈之斬空鎮崔游罪惟均食祿當時供户位
臨危皆各見之其德堅乞降何須責元績輕躁不足嗔横行倭賊誰能散邑軍
樊遂堪困生民當罰罰不明公道滅恬振君著聊愛因清江即國朝名臣李濟佳
之辭同鳴人也其所以掠縹者豈非有取於此然而此詩竟意所謂有功達泗
故何處云為亦非嘆惜伊人身遺大功而獨不蒙朝發康代錄此師赤惟元帥
公之堅塵鍾不知當謂事械之豈如高立夫牧事然野史中元時金及其

尸公之遷延有所優劣非此役則豈此詩之其彙同一撥笑諸江公楠之以

詩史考信非族語也忙以收欵逆以取志於石也而歸無旋美到將軍其不

為聖朝之一欠典于恭惟我聖朝四百餘年國朝以來火少關典之耶未還

考焉以修峯渡前遵滿而至於恩臣義士況禽草野黨門泉壞者而次第以

收歸恩次延于揭屬若此類不可彈記雖一郛四勛近例言之放文化縣

監林薩萬曆丁酉之倭乱以義兵将勳功於倭稿之役而其後百餘年之後

郛儒上言而啓閭于朝以刑曹知放咸子縣監全夢星亦於丁酉之乱私

彭近有少壯多殘鈔俊身死賊鋒而至於經年又固郛儒上言始贈立曹泰

議由是觀之朝家之廣鼓只問其功真否而不係其年之久遠則何莫非激

礪風教之至道也求關此達迴以閭巷之義士樹屍渚之迴勳當可事能昭

戴已祀世夢尤己之军執而甄拔之後之立朝于子孫而顯揚之以逍累也

無緣上聞終未先崴其功派勲後已士擤憫擧賀公議愈激撫諭捉晼未

當不秉雄之疾以近聞朝家之新餉事目勅修廢閣下之承流新政務在宣

化敗以一鄉之興情衙擇能明收之下猿此公議報于營門俾令院當之忠

魏復站襄就之恩波則瞻於勞動欲死長夫豈曰小補也或更乞閤下俯

納據施焉

本邑儒生林薇等上巡桐書

　　　　丙申八月日

巡相閤下伏以世有不朽之偉績艷眼于人心贊動平俗俗為西等有應年

之沉晦吧惜乎人心埋沒于顏俗者宣且獎節之道而表忠之義歟在吾本郡

梁達泗為國之忠義殉賊之智勇奪乎百年之上如庭賞之典施表之舉祇

守百年之下則不但一鄉之所著如湖京畢世之共揭者也鄉人圖以上聞

先額公庭者非令斯令而言每見阻輒不撒生等被以所共聞梁達泗之

為國之忠勇邪見梁達泗殉賊之遺躅故舉兼陳伏惟閤下猿納為蓋梁

達泗城城主遺躅故舉兼陳絕倫之智勇即其所鍾毓也狗國之忠義即其

素菑禩心中廟朝擢武科繼捷重武應武導俾以海內燃監于毋憂還鄉是

歲即嘉慶乙卯　明廟十年心陞冠大擧登陞於本邑古連梁賊勢亢介敗

武

没之藩頭戰之之守令朝夕報本道立營右水營及長興府珍島郡顧作縣

光州牧為地盡為隔没而至於本郡亦程屠破城郭失陷自吉達梁至郡城

百餘之閭閻蕩盡咸餘而凶鋒屯據於城隸鄉牧忽行殺掠梁達泗時在襄服

之中念尼親一体之義家主民殘礫之禍竟謂出死力靖大亂報君父然後

守吾廬執吾禮終吾身於是匠子之職分墨遂爪水策其為馳入城中謀諸

父老曰城既不守邑無統一如以為廳首嘗者所持猶夹郡人素知忠義咸

曰諾推以為廳首刑梁達泗以為尖以伊象亞圖具亦遂亞乘兵辦怠先使

花郎條儒優倡樂技設戲於賊陳近處勾華笠頒立條服耀照則倭徒驚喜

爭之賊束視者十万牧詞而烏聚崔耀暑無所備梁達泗與北士数有人從

城業越鄉牧後頒一齊吶喊衝突奮仵花郎蕩畢而仵之城中人鼓噪挺之

五之萬賊延一兩矢夷梁達泗身市被数十劍然而聚不創挺出之陰鋒餘倭

躲佛力逆之旦戰且退於七八里之間跌滔於逃死中而本以勇悍之人一

手執為尾一手執為關投炎欲騎之時倭翻飛下適中焉脚跳身僅避用

武

無地而死緣之心狗未之也皆於郡城西十里枕藉戶死瓏豪見其僵馬郎
從借晓吏句賊所則城建方收歛群屍望見梁連視而大叫朋逐泗津
收屍死於中誰死廬狀馬輕身閉過而去後從一齊罷後盡照於於泗中梁
連泗川得後故軍救百餘從一揮而盡劍賊榮大挫鋤鍼蔵五而之南牧
百王先得軍伊誰之力地且於哀热敵何丑恶也以少伢敷何共壯地兹
馬非檢何其男也此列生孝所共聞知之患列起郡之鄉牧自從處屠蔵之
役姜雄其所巧藏當前座至移連聖廟於城西至今牧百年來於馬過之爲
村役城則苕唁之此梁避调城賊之堰也於泥泥而感歡曰此梁濟內坑賊
之泥兀又其班事実許見於當蝎名医李齊臣虔江集詩詰具所鞭彈壁
詩句中有习有功達迥改何慮又曰贵罰不明公道誠嘆句之泥泥又枝壞
此士詩路舆詩句已足萬口之豐埋而邑誌所載未昭人可做此主孝所共
且本之遺蹤也環衆連以之獨不敷厚鍼之曲者姜以吾敷義起後樹續迥
和身向束代世至公道祇照泥地之後子孫仍又徽戎軍執無罔叛援奮迥

累世迄未上聞對立如彼迹渝没重今屬情之斯墓志心之晚特烏可已今當

巡相國閣下觀察宣化之日採察地議禅補風教孰有先於此乎惓惟我

聖願累有年來大小關典之所未遑者應以修舉忠臣義士之沉没草野冤

結泉壤者莫不枚錄雖以本所附觀記言之致文化縣監林權莊丁酉之亂

樹勲於俊僑而近以鄉儒上言啓聞于朝追贈刑曹参議致咸平縣監全夢

星市於丁酉之亂赴敵死卹而又以鄉儒上言追贈兵曹参議由是觀之朝

家褒錢之典只問功有功無功不拘其年代遠近豈可以梁達泗之事措詞

又遠而不政於上聞乎兹敢以舉一鄉閭靹鶴之輿情仰控於明政之

下伏望據此合議轉以上聞俾全翠達泗之忠魂發遂褒寵之恩瞻眇錚

勵咸如死長夫豈曰小補也武更伏乞閣下曾神覬焉

題辭曰所議如此未頹當考古頹而歲之事

道內儒生上巡相書 丁酉三月 日

巡相閣下伏以陽亂倉義烈世之所飽褒忠酬勲國家之所務苟有獲褒可之

忠則實可以其人之諫退而輒闊其褒賞之典乎苟有賞酬之政則豐可以

其事之久遠而遽斬其崇獎之道乎生芽易易伏念激勵縣監梁公連泗乙州

城後之事其傳功壯烈忠膠美勇儀古今之所罕有史牒之所罕觀而始以

其諫退而佛涵於襄典終又以久遠而斬其崇賞此南鄉之士不能無感

於天地之大而前役陳額不蘇其煩瀆者也其疇夢頭已忘於靈嚴多士上

莒及本郡太守文牒中已經閣下之洞覽則此芽方必更為榮思豈之說而弟

念本邑之至晝文報亦說經年尚未蒙崇褒之典出芽来破如閣下亦或以

久遠而難於上聞邪州以其一鄉之言武誠何好瓦未蒙採施邪夫梁介之

誠徭能勤其方張之勢以絕其魚爛之禍則此不但為靈嚴一邑之幸榮為

湖門一路之幸而其可襲之忠久而未褒當酬之功久而不酬將使奇傑之

續照昧於有耳之後則此万但為一邑之不幸榮為一道之不幸改生芽樣

一造今試徭稱其縣花此聲額伏乞閣下更加詳惻焉美梁公靈嚴人心素

百忠孝入斯而勞力贍略又有古名將風屋藏叼外俾有聲績後以海門

監于母愛守制于家嘉靖乙卯倭寇大入於本郡者達翠連禍近郡勢甚鴟
張兵使元績先敗而没本郡守李德堅棄城将于職潛兆將舉國昇門一路出
能死本邑乎賊衝要被釘最剛倭旬日横獗獗頻大肆殺掠有長驅北上之勢
翠公方持服在家愾然而嘆曰吾親一体此義當此死力以衛國然後還鄉
吾慮終合制是爲臣子之職分遂墨衰入城謂諸父老曰空城之中今無將
劉何以禦賊如以我爲庶首當有硬賊之術兵郡人遂雄以座首梁公以
兵此行豪頁如來虚此奇豹丁北武投方墨之伏花郡穷級服簇花箏俱張
百戲指賊耐視俄此賊從衆見如喜之雀躍嗚笑梁公覗其無備親壯士
敉日人欲鄉投後唱一齊吶喊力掩行而花郡驚亢得之城中鼓噪從之
故蔑賊從一房殱梁公市被敉十創收兵消熱餘倭数有束諧理乘梁公且
戰旦退追倭忽飛釰行之梁公跳身僅避而爲中共創兵遂還城中惟爲力
外爲勢大扶更與賊所棲攻望見之文咋焉石追之梁人淫殴而走秀吉卷
無水諸況地鐵焉倖

闕

俘一釰盡殲於是倭奴之屍横穿近者閑劍諸道元帥及防禦兵繼至遂成勦賊之功蓋有倭寇以來未有若乙卯之捷而苟非梁公之先挫其鋭則雖自李朋之英策元帥之雄畧何以辦其全勝之功使其片帆不返哉然而乙卯之捷世皆謂賴李之功而梁公不顧焉府奏賞之典既滿於當時貤贈之殊又顯於後世而梁公之意蓋曰起復從戎既非君命而劇盜既剪吾鄉幸賴則宿願已副安用伐勞邀即還廬守制如故而終不言殲倭之功其謙退不伐夙可謂高於人一等矣惜乎幕府不上其功朝家不記其勞而又其孚係後數年梁公遽沒子孫仍又零替使其偉功壯烈泯沒而不聞此閭中士人所以想其功業其烈未嘗不慨然於公議之不伸而必欲彰其義顯其忠以闡其將泯之蹟者也閣下若謂其世代既遠事無可據則生等請以遺事蹟證之本郡鄉校舊在城東門外而其遺址宛然故至今樵牧指點而語曰此梁海南殲倭處也指泥而語曰此梁海南誘倭處也此非遺蹟之可證者乎又有文蹟之可據者昔日李澹江萬語半載南州驛壁詩而有小序曰

乙卯澗前倭變鼎平日久諸將多失律後人有詩此亦一誅也見其詩有曰

長興氏莠妻姜妙是韓公政術仁有曰超資李戶真夫夫有功達泗改何

處又曰實罰不明公道咸怕帳居譽當無回蓋清江公此詩備述其同時目

擊之事而詩中所謂有功達泗改何處又揭朗州皂誌習梁達泗芒人懷愧賀力過人值乙卯

大功而平蒙靡衣西沼又揭朗州皂誌習梁達泗芒人懷愧賀力過人值乙卯

僚冠愛戰立猖獗列邑奮潰本鄉被圍城我陷達泗設奇仟戰南土稍安達

泗肚其脈厥從戎改功元帥復敗盧次此非文殖之可證否于又接皇明紀

醫市載乙卯葵捷事有習朝遣隘臣沉通凛敏俘特賜嘉賀伍賜敵功人

李潤慶壽賞養有善蓋李公即凊江詩語中師謂超資李戶真夫夫其時

以全卅府尸立功此李公吳公可謂同功一體而李公則至藝

天朝之賞眷渠梁公則尚滿本朝之震典誰由梁公謙退之意而其為國家

之關典英如何武嗚呼梁公職倭之事與道殖之歷~彭如此文章之所

又如此卽君謂久遠之事不可輕議則又有不㫁為自 明聖以未以復裏陽

義烈之於教化之本前後關典次第俱擧者不可勝記則梁公以誠庸之功母親

於久遠而獨靳其襃典今允 聖上臨御新化方洽以堙工兼崇襃節

義之意庶幾於倫者之閒而閣下關諭之亦以慶念忠烈爲第一先務則

日未遑之典若有待於今而極此事奚其梁公之功梗槩食饗齊籲伏乞閣

下擧故海向縣監梁蓬萊事忠誠懍之事上聞于 朝特加襃贈以光泉路

則其所以樹風聲此敎者當復也何啻此萬億斯新忠志之至

青襟人羅州 進士吳瑞玟 裕紹其慶源邢義源邢棠瑞李丕蓬 呈右相

崔原 吳菜源 梁萊五 梁蓬亨 梁蘇耇 林甸賁 林永宅柳

德坤 柳望塽 柳望夏 加望老 外致初 林瀚夏 林一遠 林鍾夏

林豆達 林羕頭 林爾逸 杜禋頭 李喆蕾 金命達 進呈奇繼商 緯淳柳希顔

朴德順 張大輪 衷碩繼 李壽國 柳希道 崔達齊 崔珝東 李宏翰 羅廷儀

李光溪 鄭明運 羅尤參 李禐○ 全州 宋復休 炭鐵孫 柳經漢 柳經盧

宋嚴休 金相記 京翼中 宋翼敌 李樛沆 丹東杭 李樛昌 鄭

行宗兗休　尖僉樞　李雄遠　李繼塙　鄭邑輦　鄭邑復　洪致敍　○

光州　進士孫徽頤　李燁　幼學奇彦燮　奇元熙　奇彦漸　奇學心　奇學淳

奇宗爆　孫明瑞　奇尊禧　孫頭　孫閏頤　孫昌頤　孫彦頤　孫聖頤　孫變洪　奇東奎

洪重　孫重也　李挑德　柳迪　柳芝三　高梲　崔宗大　崔宗迪　柳東奎

高漢謙　李昌烻　尹㜫　金致先　金心鳴　孫愃東　柳宗東　朴明東

刃金東　孫旭東　○南原　梁夏龜　梁尙性　李貞奎　盧連衡　張攅梲　張數梲

李興壽　李得圭　趙光弼　趙光瑞　梁泓　梁義惟　李復元　進士崔思賢　幼

堅盧廷就　李潤命　○嚴廷　進士金喆　孫良德　愃師浚　幼學李瓌

禧金宗兗　書閭壁　書閭壯　朴宗謙　李之尹　尹連曺　尹安得基

旗承萬　朴師裕　朴景愃　崔夢嚴　朴良得　李重根　曺閭洽　朴汲　尹龜曺

窪以澄　金夢原　閔道贊　朴景繗　朴顯福　書閭仁　朴景梅　安德俊　李宗迷

崔宗汶　崔㓒德　書閭永　書光愳　蔡完成　孫師桓　金澤源　金閭王

亥命㽵　尹連書　鄭勵龍　旗師溁　稹哲與　書光榮　崔申門　書光普

扑師永　郭天祐　郭始濟　李復運　崔興後　崔桂民　白思馥　書光廣　朴

良瑞　慎毛頭　郭崇震　男通術　孫復綾　書光秀　孫優文　李師申　崔錫遠　巳德民

書光樓　孫閣流　孫師獎　徐宗奉　崔熙華　書榮會　孫夢會　金宗後　慎昌寅

安衡璟　李奎先　文繁後　慎昌遠　文繁平　慎聲顯　慎師海　崔復巖　崔重收

白思桓　李廣旦　慎復興　書光東　琪沿顯　李常漢　沐遠　金宗碩　崔國翰

崔復翰　玄鎮漢　君達緖　孫李雪　信敬熙　玄鎮澤　崔維翰　金鳳儀　李宗

封　白樂宏　鄭翔珠　口昌平梁學海　梁學熙　進士鄭桔　留學李志謙

李聲楠　李徵稲　貴其祺閣周　留學任叔　任智　徐选祖　尸碩茂　徐椿員

金戴戌　孫先赫　書羽　柳寰喆　○南平崔鳴波　洪寬策　宗相復　李孟福

崔鳴學　吳書源　柳延約　朋辰基　樂濟賢　梁济博　高時發　吳相賢　吳相權

徐宗漢　舜明平金鈺　○加順崔郁昌　崔億昌　李應寅　崔曾

翔　書翔瞢　書韓先書附歩　書東翊　書良弼　柳秀釗　孫起廈　口戌平妥

李漢　崔鳳瀾　妥碩瀾　郭錫百　李慶錫　李廷復　鄭登　○

長城　申身權　金光賢　申遠權　金復賢　金昌祖　金光賢　申遠權　金□

衡奇善愍　金烈祖　金夢休　申士朴鳳章　申夢李　金道賢　柳光元　□鶴金吳

縣源　吳晃源　吳泗源　李珖　林弘鎭　宗光遠　周鳳頤

金道海　□　吳興　書員　金夢龍　魏伯金　申夢李　申躋龍　鄭仁□　任永原　金

夢得　丁通平　修命敦　新□彥　金夢□　□靈宪　書員　吳光源　李敎錫　幼

尊壽道岑　羅星燮　崔興福　姜桂元　崔聲□　李卿廉　李奻俊　□順

天趙鵝夏　趙德澤　許璟　鄭夢貞　梁聖淵　張澧湖　□寶城　申身義　林

島逸　林天相　安昌坤　李敎儀　安慶成　林身赫　李敎經　林樸遠　□峩仁金

蓋源　柳犀連　李榮運　李錫堂　宗連臀　朵朝基　宗碩差　宗明基　□康

津林得惠　李毅明　呉德況　李二得礙　崔宇託　崔宇勳　吳思義　李載株　李

□海勇進士　任述遠　□ 俟州岩昌覺　姜昌信　進士

勸敬□　任連鎮　任連風　任連鵬　□俟州岩昌覺　姜昌信　進士

文通權　文漢玉　江永命龍　景歲　○金城　姜瑋　柳基俊　柳東鎭　柳

斗鎮 鄭燮 ○潭陽承將遠 外好星貝光德 李蘩孫 南斗輝 李㘯坤

○同福丁以鑌 羅愼伍 李德烈 書崇南 羅壽天 ○廖昌 薛慶弘 薛慶恒

洪陽魏君禧臭 金郁楫 ○羅長 姜龜復 李政龍 李致仁 李陵式 金泊蘭

○高敞柳儀 姜泳 姜淑 李世溫 李懷金 ○龜德填 郎澤 愼將照 李

彦林 高漢平 ○毘柳文德 姜胤柔 孫命㲡 ○臨坡 萬頃 夏 姜廈休

李蘩孫 ○洛湖 李聖福 尚文昌南 ○金櫬 李淮德 柳珏 趙之詰 鄭

洪○益山李鎭華 柳智培 萬賜胤 金泰道 柳兒語 ○萬頃柳喜斗 供興㲡

固城李舉 ○求禮 外姻絨 鄭圭頑 兵柏顯 ○至陽 徐潤澤 徐潤祖 鄭禛 ○

業安 金必 柳嘗滉 金陽 ○古阜崔禰身 亲昌罷兒 李碩模 金載坤

工憲心外良繁 題時 梁世紳 李遠源 ○連陽申致權 泉道戴 朴顯逵

○羅州 郎義伏聆巳封冷曾待後且肅

會卽孝烈 ○別恐於邑報何待等多之言而欲之宇

羅州邊呈吳將堵當之洞書

庚辛九月 刊

巡撫閣下伏以逆寇前日以破海門縣監梁公達泗臧倭之列陳列手鬥

下再至三而閣下趙音極其慶便有曰梁公愿郡已愿死自報何待

多少言死知之孝烈狀啟今將封袋留待日後云又於繼臧郡身報長回

趙曰甲公愿郡已愿於前郡身所報當上成丹荑令報之如此死物歡歡郡

義狀啟已允勢將留待云出為此首以知閣下作公之事蓋以傳其

烈狀其績而源惜其沉沒欲闡於後日也出等既承留待之教退伏恭疑者

今既愿屢月共閣下之前所稱留待後日者正謂今日生事私物以為閣下

觀烈一道以愿忠闡孝益擔分甲第一件事而已作梁公之事以留待告教

則慶趙一事錘有早晚百年沉黷之竟意儔闡袋於今曰矣其為士姐之幸

寶首院于文森惟念梁公捐身殉國之忠設奇獨威之功餘退可伐之德來

之史牒宗羞其儔而當時回功之人如李正獻闡慶諸公列万但本朝之

紀功市臺重期之爵當平於遠詔頭假吾期之一兩取死市敖難模之两而

梁公万以首功之澗思慶不以在梁公圍無如損而敖以恒國虱軒扶世敖

之道亦有感伏惟閣下更察梁公立世之恩列其前日留待之感教亦
將梁公藏倭之績狀聞于朝俾蒙隆恩使一通公議無至落莫至百風舞
求有樹立石而又使道內多士咸曰閣下新詔留待者蓋今日到不我班也豈
不避武室亦美武生等費任惺恐懇祈之地題群曰孝列卿義狀啓皆因朝
今而為之勢惜待朝令證入商置有所啓聞事
本邑儒生愼昌感等上備忘書　辛卯七月　日
縉紳使調下欲以獎勵懋功朝家之令典顯忠閣義士林之公議會有可榮
可褒之鄭義忠卿而迄今百餘年終未顯揚而旋東列監非朝家之欠典而
士林之遺感于故海南縣監梁公諱達泗當嘉靖之卯倭逼之難忘身殉回
設商破滅捍敵洞石之墾功偉烈至今無人身問若前日前事主等時
拔於誠敗此齊領伏之閣下試加澄察焉蓋梁公素有忠孝大節勇力贍署
紳有石以扜風早登武科歷仕內外俱有著績當島夷之大舉入寇連踰海南
郡兵使元績先及卯死表連縣監辭義口戰而沒以糧嚴守李德堅後偉妹

賊黨見羽攀國昇沸一路土崩向靈巖處賊衝要破劫最劇自達梁百里之間

畫為賊穴倭寇徑逼墟遂藉兵血此大肆殺掠有長驅此上之勢梁公

方籌毋服往救之卹呼曰屋親一體也當土辱臣死之日烏可於禮制不

赴國難乎遂墨絰入城半父老雍與盟主梁公曰君不來處出奇無以濟師

先使倡優華族彩服簇花竿張百戲於陣則戟翟若為喜笑梁公章敢死士

故百渚從後出不意斬賊中多鼓噪從之梁公黃昌墮奕抽戈仔

刺之狀不憚風騰噚呻神出魁役戰陣大潰破釜流血淸草斯藏鹹千

餘級梁公示被十餘劍倭酋乘懵趨兼大叫搏之梁公伴敗誘司遇波泥地

狄烏魋其而遁倭酋疾蹶俊界陷於淤泥中梁公即身奮仔一刀所下遂夷

在石形儆金景鍚陶教勤壽兼乘勝逐此竟使夏甲万迊事卹已梁公遂墨

家身剣加初盡自有若乙卯湘南之捷而苟非梁公敢奇斬鹹

是摧其銳則隙之獻何以轄得南維之保障何以護金巴至今行旅之道

蠻巖利東虎音威熙曰梁海閩豚戰處心諸江幸壘隰逕釣話中南州隰壘

詩歷叙其臨陣之事則有功逮而歸何處實勳不明公道滅且於邑

誌中詳錄破倭事續至今昭垂罔當駒藩兩之不上其功朝廷之示轢其忠

蓋緣梁公謙退不伐之故此前後湖南多士以梁公精忠偉烈終示一褒之

竟嗚究呈書於本郡方伯者而知其幾百迴而南官羅羊足陳訴列簿

對加將勲瓦伹凡重派遂修示一微而已公議愈之愈懇詞伏閤下承命周

詔城蔡氏德而亡致責旌奬忠節植倫常之方致疲疾聲一呼伏气罔族

一道惕林之公議要將梁公殘倭之功蓁達　楓記之下特加虵贈之典以

尉風辟於百代以尉忠魂於凡泉千萬幸逵生考無任激勵稱懇之至謹冒

昧仰達

題辭僉閤覆負復路將更當採問事蹟商量為之勾事

本邑儒生慎昌晟等呈本官書　壽申八日甘

城主閤下伏以民等項以故海南縣盟梁公達泗乙卯殱倭之功陳籲于閤

下以事之初則閤下題音極其廉公美而末有轉報營門又備行以為轉達之

教民冐不勝莊誦感江咸謂梁公之偉忠壯烈庶得闡揚於棠奬義烈之冊

而可以激忠厲義士之氣哭民冐一鄉幸蒙大於是伏念星舊之後已經時

月而未聞官家以梁公事論報營門攷繡承無可聞下方留意荒攷未遑於

批芳事而然即聞為民冐求以此事齊群於繡承列且通詩有日復勞時吏

當攷問事蹟離置與之云□□料梁公殉國之忠庶蒙襃典於繡承復念之日

矣但健卆之復路遲速茹未知匆匆聞巡榈當於早晚巡到本邑云聞下晚

於梁公之事深加奥美必欲襃旌則轉轉之歲莫在此時伏賴閤下更加衡

察□將梁公殉佳之蹟論報於營門巡到之所又非巡到時可陳事吳趍即

發開伸號廢□四十万事但伏以念報營之將當來其真贄然後庶幾殊漏之

惠改削同所星□書並此粘星石李清江詩語中所載賍壓兩畫以别細錄

上偶蒙秦司觀詩察幸巨民誇無任懽悚銀禱之至

題辞四眾公倘嗳豈不思心同以廢批之道石一張教蝶母俸体紙而止非□

不緊亦涉無遺偶欲於棠門巡□笱而為藏袞之吳等士亦星又呈新□□

族左巡之遝啓即以教牒報并與前昰文收及南州錢還以八造昰當事

　　　　史書

　　　　啓目粘連

啓下是白有疏前曹移

啓內噐競故參奉梁季球道導忠節卓異實驗今本道

行間道　應兵聖覽昰全經前暨可李時庄狀　啓內則故參奉梁達深以道

學之卓事異處為泰奉當之師之傳變勵邈泗連海墨練倡義一切盡慶迹

成勳滅之功尚涵非紱合議如勵昰白于所合有

聖朝激勵以奬之義特　施馳贈之典昰白于兵事條　恩曲非庄書前報

懲使　　　上裁何如　　　傳曰依元道學忠節卓異

　　　　　　　　　　　　　　　　　　　贈事承伊拐不

　　　　　　　　　　　　　　　　　節卓異特　贈事承伊

四從弟松川公答書畧曰海寇之變一至此我彊海為貞衡要害之地而日非本

久民不知兵倉卒阽圍知所措以若伯俸李之賢辦得一死之義則凡百血氣

者孰不為之先後豈勝歎歎　朝廷之遣情討于陪嬉將久則寘面之行恐難防

禦當以衰病在身纔權於其閒武起復之義想巳講虜於㫺昔祠忠烈

一體大酬足可想見如此事須不留遲到一振義諕以慰士林之望云云

致

조선 최초 의병장
양달사 장군 문헌집

초판인쇄 2023년 11월 30일
초판발행 2023년 11월 30일

편집기획 양달사현창사업회(http://www.yangdalsa.kr)
번 역 이영현
감 수 노기욱
펴낸이 채종준
펴낸곳 한국학술정보(주)
주 소 경기도 파주시 회동길 230(문발동)
전 화 031-908-3181(대표)
팩 스 031-908-3189
홈페이지 http://ebook.kstudy.com
E-mail 출판사업부 publish@kstudy.com
등 록 제일산-115호(2000. 6. 19)

ISBN 979-11-6983-809-2 93900